【文庫クセジュ】

プルードン

エドゥアール・ジュールダン著
伊多波宗周訳

Que sais-je?

白水社

Édouard Jourdain, *Proudhon*
(Collection QUE SAIS-JE ? N° 4248)

目次

凡例

・本文中の（　）は著者自身の挿入句を、〔　〕は訳者のものを指す。
・本書における強調のほとんどは、プルードンの著書からの引用に見られる。プルードンによる強調には一定の規則があることから、イタリック体による強調の場合、傍点を付し、語のすべてが大文字で表記される強調の場合、ゴシック体で表した。単語の冒頭が大文字の語の場合、慣用的なものを除き、〈　〉を付した。
・ラテン語表現には、慣用的なものを除き、《　》を付した。
・原注は（1）、（2）…と表記し、各章末に配置した。
・訳注は＊1、＊2…と表記し、各章末の原注の後に配置した。
・本書で言及されるプルードンの著作等を巻末でリスト化し、邦訳のある著作の場合、書誌情報を併記した。原注に〔＝邦訳、○頁〕とある場合、その邦訳を指す（訳文は、本書の訳者によるものである）。

序章　一九世紀の革命を生きた、ある生涯

一八〇九年、ブザンソン生まれ、料理人の母と、樽職人からビール醸造業に転身した父の息子であるピエール＝ジョゼフ・プルードンは、同時代の社会主義者の中でも非常に珍しい庶民階級出身者だった点で、特異な存在である。ごく幼少のときに牛の番人を務めたのを皮切りに、その後も植字工やジャーナリストとして働いた彼は、本人の言葉に従えば、「仮にそれを強みと呼ぶとしたらだが、人民に生まれ、何が今日の人民のありようをもたらしたのかを知っていて、人民のままでいるという稀有なる強み」(1)を有していた。プルードンは、孤立した思想家であると同時に、革新的な思想家であった。アナーキズムの最初の理論家にして、所有の批判的分析ゆえにマルクスがそう呼んだところの最初の「科学的」社会主義者である彼は、当時のイデオロギー上の諸陣営に自らの場所を見出すことはなく、こう述べている。「右を見れば、古い自由主義に出会う。それは権力に敵対するが、利息や特権的所有権を擁護している。左を見れば、政府至上主義の民主主義者だ。私たちと同じく人間による人間の搾取に反対するが、独裁や国家の全能性を心の底から信じている。それらの真ん中には、

絶対主義だ。それは、反革命の二つの面を一つにまとめてモットーとしている。そして背後には、穏和主義だ。その偽りの賢明さは、いつでもどんな意見とでも妥協する態勢にある」[2]。彼の著作は浩瀚で複雑である。彼は著作に矛盾があるとしてしばしば非難されたが、そうした非難に対し、まさに矛盾である現実を描写しているからといって非難するなどできないはずだと反論したのだった。それはプルードンが、ヴィクトール・ユゴーの表現を借りるなら、「直線的な街灯に火を灯す点灯夫」[*1]と少しも似るところがなかったからである。

「所有とは何か。それは盗みである!」、「神、それは悪である」。ピエール＝ジョゼフ・プルードンというと、大抵はその挑発的な警句だけが記憶にとどまり、その響き方も分からなさも並大抵ではない、といったところである。そうして彼は、あらゆる方面からの敵対者によって、「共産主義者」とか「プチブル」とか「反動家」と決めつけられた。〔また、〕彼はユートピア的社会主義者からは程遠く、オウエン、サン＝シモン、フーリエ、〔エティエンヌ・〕カベらを容赦なく批判することになる。「一から十まで完全に〔…〕構成された組織体系を作り出そうなどということは、人に提案しうるものの中でも、最も忌々しい虚言である」[3]と断言して。けれども、一八四〇年の所有についての最初の覚書以来、彼は自らを「アナーキスト」と呼んだ。彼は秩序に敵対するのではなく、その正反対で、逆説的に見えるかもしれないが、こう主張するのである。「社会における最高度の秩序は、最高度の個別的自由によって、つまりアナーキーによって表出されるのだ」[4]と。

こうした次第で、初期の政治的著作のときから彼は革命家として姿を現すのだが、そのときまだ三一歳だった。産業社会の到来と国家権力の台頭という時代状況の中で、彼の思想は、まず反抗によって構築された。もろもろの不平等・搾取・支配に対する反抗である。そうして彼は自らに作業計画を与えることとなった。まずは、ことごとくが問題である諸事実の状況を説明する分析の確立が必要であり、それについで、解決法を提示するという順序である。彼は好んで、《私は破壊し、構築する》という言葉を繰り返した。つまり、「私は再建するために破壊する」ということだ。彼は「社会問題」を解決しうる正義の着想に基づいて、生涯かけて、そうした再建作業を展開することになる。

ピエール＝ジョゼフ・プルードンの強みは、さまざまな政治体制、すなわちルイ＝フィリップの君主政、第二共和政、ナポレオン三世の帝政を知っていたことである。このように政治体制が次々と変わったことによって、政治の観察者としての彼の鑑識眼は研ぎ澄まされたが、同時に革命家の能力に対する彼の期待は往々にして挫かれ、社会問題の解決は政府至上主義によってはなされえないという考えが強められたのだった。その点、一八四八年の〔二月〕革命は、プルードンの生涯において決定的に重要な瞬間である。この出来事の当事者としての経験に基づいて、彼の過去と未来の考察が結晶化される、そうした瞬間なのだ。彼はしばらくの間、社会問題が革命の主要な争点になるだろうと考え、そうした考えから代議士に立候補する。彼にとっては、公的論議に革命思想を持ち込む好機だったのだ。〔そして、〕一八四八年六月四日に当選を果たす。議会からは本物の危険人物と見なされた。「所有とは盗みである」という悪魔を思わせるような警句の作者だというレッテルゆえのことだ。プルードンは、ユグネ宛の手紙で、「私に角《つの》も鉤爪もないことが驚きをもたらしています」[*2]と伝えている。このイメージは、雑誌『ル・シャリヴァリ』に掲載されたシャムの風刺画によって、さらに広まることになる。シャムは彼をしばしば食人鬼の姿で、あるいは悪魔と共に描いたのだ。六月末、パリで蜂起が起こり、四万人以上の労働者が〔失業問題に関する〕社会的措置と議会の解散を要求した。そのとき議長は議会に向けて声明案を読み上げた。それは、「社会そのものを破壊するために立ち上がった人々、社会を基盤から掘り崩す人々、家族を名目上のものとしてしか捉えない人々、所有を盗みとしてしか捉えない人々」を非難するものだった。しかるに、「最後の言葉を聞くや、議場全体の視線がプルードン氏の座る席に向けられた[5]」。けれどもプルードンは、代議士たちから向けられた敵意に報復し、〔翌年刊行の〕『革命家の告白』にも見られる辛辣な主張によって彼らの境遇を言い当ててみせた。「国の状態に最も無知な人々こそが、ほとんど常に国を代表するのはなぜなのかを理解するには、国民議会と呼ばれる隔離施設を体験しなければならなかったのだ[6]」と。彼の経験はいつものように彼の思想に新たな糧を与えるが、それがあらゆる独断論に抗する動きある思想を特徴づけている。ここで、われわれは彼の特質上の欠点をなすものに触れてもいる。あらゆる体系化を拒否することで、時に人を混乱させる分析を提示する羽目になり、そうした分析がカール・マルクスに劣らない論理性を有するにもかかわらず、時にそれが見えにくくもなったという点である。あるとき、マルクスは国際労働者協会を設立するために〔国際的な通信ネットワークのフランスにおける〕通信員にならないかと打診したが、プルードンは、マルクス宛に書いた唯一の手紙でそれを断っている。二者の性格および方法論の相容れなさは、あまりに重大だったのだ。だが、フランスの労働者運動にプルードンが与えた影響は、一九世紀末にいたるまで、常に優勢だった。協同組合運動や労働組合運動の内部だけでなく、パリ・コミューンのときも含めて、である。

けれども、この運命は事前に描かれたものではなく、まさに彼が運命をこじ開けようとする意志によって切り開いたものである。一二歳で入学したブザンソンのコレージュでは社会的境遇に悩まされた。勉強するのに必要な本を両親が買えなかったという事実にそれがはっきりと表れている。それでも彼は情熱をもって勉学に勤しみ、教師たちは彼の学識に注目した。一九歳のとき、ブザンソンの印刷所で働き始めたが、それは彼にとって神学・ヘブライ語・比較文法学の知識を完成させる好機となった。一八三六年には二人の仲間と共に自らの印刷所を設立したが、早くも一八三七年には清算の対象となる。だが、その間、無署名の著書『一般文法論』を刊行することができた。このとき彼は学業を再開し、初期の重要著作を書くための絶好のチャンスを摑んだのだった。二八歳でバカロレアを取得したのち、一八三八年、ブザンソン・アカデミーが創設したシュアール奨学金の獲得を実現して、三年間の奨学金を得る。早くも一八三九年には所有についての覚書を執筆しようと考えたが、二つの学術的研究の執筆のために、その計画は一時中断されることになる。一つは、「文法的カテゴリー、およびフランス語の諸起源についての研究」と題された論文で、『一般文法論』に含まれていた考えを引き継ぐものだった。もう一つは、コンクール課題「公衆衛生、道徳、家族と都市での人間関係から見た日曜日の祝祭の効用について」への応募作で、同作は銅メダルを獲得した。プルードンは事後、同作をあまりに宗教的神秘主義の刻印を受けすぎたものとして捉え、自分の考えとは認めなくなるのだが、そうであってもこの小論は、社会批判の端緒となったものである。とりわけ、日曜日を休日として聖域化する必要があると考え、もって日常を植民地化しようとする資本制の傾向に反対することによって、である。プルードンは、図書館で一五〇人以上にも及ぶ著者の大量の著作を読み続け、三四冊の分厚いノートにメモを書きとめている。〔そうした読書を養分にした〕萌芽はすでに、おそらく今日に至るまで最も有名な彼の著書である『所有とは何か』に見られる。そこから堂々たる著作群の刊行が始まる。四〇冊を超える著作群である。このブザンソン人の著書を深く理解することは容易ではない。彼自身、その人生の終わりに、複雑にして入り組んだ自らの思想の概括を示さなかったことを悔やんだのであるから。ここから先の本書に染みわたっているのは、まったき野心、一本の糸を繰り出すようにして多様な面を順に説明しようという野心である。プルードンは、経済から、国際関係、芸術、哲学を経て、宗教に至るまで、社会に関わるありとあらゆる主題について論じたが、それは、「同胞や仲間たちの解放」に捧げた生涯〔という一本の糸〕に基づいてこそなされたのだ。

原注

(1)『革命における正義と教会における正義』第一巻、パリ、ガルニエ・フレール版、一八五八年、四六頁。
(2)「ルイ・ブランに関して」、新聞『人民の声』、一八四九年一二月二八日。
(3)A・ゴーティエ宛の手紙、一八四一年五月二日。
(4)「ルイ・ブランに関して」、新聞『人民の声』、一八四九年一二月二九日。

（5）新聞『人民の代表』、八八号、一八四八年六月二〇日。
（6）『革命家の告白』、アントニー社、トップ&H・トリンクィエ版、一九九七年、一二四頁（＝邦訳、一九一頁）。

訳注

＊1『レ・ミゼラブル』第四部第一五編二を踏まえた著者の表現。ただ直線的で無個性な街灯は、その光と共にブルジョワジーに安心感を与えるが、点灯夫は、そうした安心感の形成に寄与する存在だ、という含意である。
＊2 ユグネ宛の手紙、一八四八年六月一七日。

第一章　所有――奴隷制と自由のあいだで

I　資本家の計算間違い

同時代の人々に大きな影響を与えた最初のプルードンの著作は、一八四〇年に刊行された『所有とは何か』である。マルクスは、〔一八四四年刊行の〕『聖家族』で、同書が「現代経済学に対してもつ重要性は、シィエスの『第三身分とは何か』が現代政治学に対してもつ重要性と同じである」と述べることになる。きわめて早い時期に、プルードンは、経済の問題に夢中になった。社会問題を解決し、彼自身の出自である労働者階級を貧困から救い出そうとするには、科学的な仕方で経済の問題に取り組む必要があると確信してのことである。そもそも『所有とは何か』の執筆にあたり、彼は次の問いに答えようという野心に燃えていたのだった。「なぜ〔当時の国王〕ルイ＝フィリップには三〇〇〇万フランもの収入があると思われるのに、私には三〇サンチームの収入しかないのか」[1]という問いである。プルードンは、近代の逆説的事実を出発点にしてこそ反旗を翻し、まずは説明、ついで解決を見つけ出そうと試みた。つまり、フランス革命は人権、すなわち万人の法のもとの平等と自らの所有物を享受する自由を神聖化したが、そうした権利は、大部分の人にとっては、事実を伴うことのない単なる意思の宣言にとどまっているという事実である。大衆的貧困の増大、ますます搾取される一方の無産階級の形成を目の当たりにして、彼はフランス革命の失敗の原因を探るべく導かれたのだ。プルードンの考えでは、その主たる原因は経済の領域にある。革命は、所有に挑みはしなかった。反対に、革命は所有を神聖化し、もろもろの法典においてまで所有を正当化した。それゆえプルードンは、所有を正当化しようとするあらゆる議論について、それが彼には曖昧に見えるだけに、科学的であらんとする方法に従って綿密な探究をおこなうことに没頭して、あらゆる論点を明らかにし、あらゆる点にわたって正当化の議論を反駁したのだった。実際、プルードンにとって、「所有は本能的信仰の大家族に属するものである。そうした本能的信仰は宗教と権威に身を隠して、人間という傲慢な種に対して今なお至る所で支配力をもっている。要するに、所有はそれ自身が宗教なのである。所有は自らの神学をもつが、それが政治経済学である。所有は自らの崇拝対象をもつが、それは暗闇に隠されている」(2)。それゆえ、その崇拝対象を暗闇から取り出し、所有の原因、本性、機能、さらには存在理由を明らかにしなければならない。というのも、所有は人類史において、歴史に基づく合法性を得たからである。所有のおかげで、人間は自らの独立を肯定し、自らの特性を洗練することができたのではないか〔とも考えられる〕。プルードンは生涯にわたって経済の問題、わけても所有の問題に心を奪われていた。一八六六年に遺稿として公刊される『所有の理論』を書くほどに、である。同書では、『所有とは何か』における所有の否定とは反対に、所有の復権を確認しうる。思想の進化もあっただろうが、プルードンは、二つの著作のあいだに相当の連続性があると明言していたのであって、彼の弁証法は、まずは原理の批判の根拠を説明し、次に、しっかりと理解された諸条件に基づく原理の肯定の根拠を説明するというものなのだ。こうして彼は、最初の著作では、資本制的所有の基礎を告発することに専念した〔と言える〕。資本制的所有は、とりわけ剰余から生まれる資本利得の権利（droit d'aubaine）[*1]によって特徴づけられる。この意味で、そして、もっぱらこの意味でのみ、彼の有名な主張である「所有？［…］それは盗みである[3]」を理解しなければならない。プルードンは、ここで所有と占有を区別している。彼が肯定的な意味で所有という語を用いるときには、占有、つまりは所有から資本利得の権利を引いたものという意味で用いるのである。資本利得の権利は、所有に対して、働かずに資本を生み出す可能性を授与する（そのことから、他国者遺産没収権（droit d'aubaine）は、利子や高利、家賃、利潤、等々と重なる）。主にはこの資本利得の権利によってこそ、もろもろの不平等、社会的階級の分化、非生産的な金融投機が正当化されている。この現象を例証するため、プルードンは集合の力が資本家によって不当に専有されることについて考察するのだ。

資本家は労働者たちの「〔複数形の〕日当」を支払ったと言われる。正確には、資本家は日々労働者たちを雇うたびごとに「〔単数形の〕日当」を支払ったと言わなければならず、それはまったくもって同じことではない。なぜなら、労働者たちの団結と調和、彼らの努力の集中と同時性から生じるこの巨大な力に対して、資本家は少しも支払っていないからだ。二〇〇人の擲弾兵は数時間でルクソールのオベリスクを土台の上に立てた。たった一人の人間が二〇〇日間でそれをやり遂げると想定できるだろうか(4)。

計算間違いは、集合的な所有の権利を資本家が専有することによって生じる。それゆえ、真に平等主義的な交換、および集合的な所有の権利の再領有、これらを立て直すことによってこそ資本制の論理からの真の脱却が可能になる。ここでプルードンは、資本制に対する根本的批判をおこなっている。自由主義者たち、ついでマルクス主義者たちが考えたこととは反対に、プルードンは、経済法則、わけても交換の法則に違反しつつ再生産されるシステムこそが問題だと考えたのであるからだ。

II　所有の社会的・政治的正当化

プルードンは資本主義体制における絶対的で不分割の所有を批判しているが、それなら彼も、労働者が自らの労働の成果を我がものとしたのちに、その労働者を所有者として見なすことによって、不分割の次元を再導入しているのではないか〔という疑問がありえよう〕。そうではない。単純かつ真っ当な理由で、労働それだけによっては、所有権は正当化されないのだ。プルードンは『所有とは何か』以来、生産それ自身が、生産を直接に担った人に還元されえない全体社会的事実〔すなわち分業〕の結果をなしているという事実を論拠として持ち出し、そのことを説明している。言い換えれば、あらゆる生産は、結果として生産者の社会的負債をもたらすということであり、それは所有物が本質的に集合的な本性をもつこと、したがって、それが排他的な専有の対象になりえないことを意味する。そういうわけで、「各種生産物への一般的関与〔という明白で異論なき事実〕は、その結果として、すべての個別的生産を共同のものとする。したがって、生産者の手から生まれる各生産物には、あらかじめ社会による抵当の印が刻まれている。生産者自身は、その生産物に対して、社会を構成する個人の数を分母、一を分子とする分数の分しか権利をもたない(5)」。こうして、「人間のあらゆる労働は必然的に集合の力から生じるのだから、同じ理由によってあらゆる所有は集合的で不分割のものとなる。より明確に言えば、労働は所有を消滅させる(6)」。こうした考えは、知的所有において最もラディカルな帰結をもたらす。プルードンからすれば、文学作品は市場の法則に従うことはありえない。*2「宗教や正義と同じく、学問・詩・芸術もまた、取り引きされ、利害の法則に従わされるや損なわれる(7)」。実際、文学作品は、集合的知性に由来するものであり、作者は集合的知性を着想源としている。したがって、作者が自分の作品を社会に知らせようと決めたらすぐ、作品はパブリック・ドメインに戻るべきなのだ。作家の報酬に関しては、「仕事の対価や賃金ではなく、補助金と見なされるべきである。美なるもの、善なるもの、真なるものは、有用性との比較には入りえないものであり、それはもはや売買される生産物ではなくなっているのだ。援助され、補償されるべきは人のほうなのである(8)」。

〔さて、所有の問題に関して〕何より重要なのは、全体および各人に必要なものを供するために場所を先占することは可能か〔という問題〕であり、プルードンはそれをキケロの言葉を引用しながら明らかにしている。

キケロは土地を巨大な劇場に喩えて次のように述べた。〔…〕劇場は全員の共有である。にもかかわらず、そこで各人が先占する座席は「彼のもの」と言われるのだ、と。つまり、明らかにそれは占有された座席であって、専有された座席ではない。この喩えは所有権をなきものにする。さらに、平等を含意する。劇場において、平土間席に一席、ボックス席にも一席、天井桟敷にまた一席を同時に先占することができるだろうか。〔ギリシア神話の怪物〕ゲリュオンのように三つの体をもっていたり、〔古代ギリシアの哲学者でティアナ出身の〕魔法使いアポロニウスの逸話のように同時に異なる場所に現れたりができるのでもないかぎり無理である。〔…〕各人のものというのは、各人が占有できるものではなく、各人が占有する権利をもつものである。しかるに、われわれが占有する権利をもつものとは何か。自分の労働と消費に十分なだけのものである。キケロが土地を劇場に喩えたことが、そのことを明らかにしている。それによれば、各人が好みの座席に身を置くこと、可能ならば美しく飾り、改良すること、これらは認められている。だが、そうした活動は、他人の座席と隔てる境界をけっして越えてはならない。キケロの教説は平等への権利を結論づける。なぜなら、先占とは単なる黙認である以上、その黙認が相互的であり、相互的でしかありえないなら、占有は平等だということになるからである。(9)

さらにいえば、人間と所有の関係は、その合目的性によってしか正当化されえない。「所有の根拠は、その原理や起源にも素材にも探し求めるべきではない。繰り返し述べているように、所有は、あらゆる点で、占有を超えるものを何らわれわれに提供しえないのだ。そうして、所有の根拠は目的にこそ探し求めるべきなのである」[10]。それゆえ、所有は、一七八九年、一七九三年、一七九五年の〈人権宣言〉で言われるような意味での人権ではない。それは、何よりもまず機能であり、「あらゆる市民が占有し、生産するべく求められるのと同じように、あらゆる市民が運命づけられる機能であるからこそ、権利となるのだ。ここでは運命から権利が生じているのであって、権利から運命が生じているのではない」[11]。したがって、次のようになる。

専有の行為そのもの、客観的に捉えられた場合のそれは、権利を欠く。それは何によっても正当化されえない。それは、労働によって正当化される給与とは異なるし、必要性と分け前の平等によって正当化される占有とも異なる。所有は、絶対主義的、専断的、侵略的、利己主義的なままにとどまる。――それは、主体それ自身の正しさによってしか正当化されない。だが、いかにして人間は公正になるのか。それは、教育、文明化、習俗、芸術、等々の目的によって、である。また、所有を主軸とした政治・経済制度の目的によって、である[12]。

言い換えれば、〔所有が正当化されるのは、〕その合目的性、正義、そして、道徳に支えられた決定と規則を含む自主的で平等主義的な管理の様態によって、であり、「所有の正当化は、［…］本質的に政治的な事柄である[13]」。

Ⅲ　社会的所有としての租税について

プルードン思想は、もちろん進化を遂げたのだが、根本は変わらなかった。所有についての最後の著作、一八六六年に遺稿として公刊された『所有の理論』で、彼は次のように明言している。「私の思想は、断固とした否定、だがいわば非有機的な否定から始まって、発展し、しだいに肯定的な性格を帯びるようになったが、一八四〇年の論文から逸脱することはなかった[14]」。『所有の理論』で、自由地と封土のあいだに彼が設ける区別は、結局のところ、二五年前の『所有とは何か』で、所有と占有のあいだに彼が設けた区別に帰着する。自由地とは、封建時代の用語で、絶対的で不可分の相続財産を意味する言葉であり、封土とは、奉仕し地代を払う条件で、領主から別の人に授与された地所のことであるのだから。彼はせいぜい、国家権力と釣り合いのとれる所有の能力を強調しているにすぎず、それは諸力の漸進的均衡という観点からのものである。しかし、だからといって彼は資本制とそれを規制する社会国家ないし福祉国家との混合体制を支持するわけではない。実際、所有の政治的正当化――正義の規制的原理なしには考えられない――は、資本制だけでなく、それと同時に、超越的で他律的な実体として捉えられた国家をも問い直すことになるのだ。国家を社会に見合ったものとし、所有と同様にその絶対的性格を取り去らなければならない。国家についてのこうした新しい構想は、租税についての新しい理論を前提とする。革命以後、国家は、「[…]至上権、絶対的至高性を失った。それは、民法上の人格に、かつては国家の臣民だった市民の一人と同じような人格になったのだ。つまりは、租税の観点からすれば、特殊な一単位たる生産者、したがってまた交換者になったということである」[15]。奉仕に対しては奉仕を。いまやこれが、市民たちとその奉仕者になった国家のあいだで最重視されるべき交換の平等主義的な法である。もはや国家が課税するのではなく、市民たちが民主的な仕方で国家に対して奉仕を課すのであり、その奉仕とは、市民たちの労働による生産物の一部と引き換えにして、給付として望まれるものである。すなわち、「国家とは特殊な種類の交換者、給与と引き換えにして求められた奉仕をする交換者であり、したがって、奉仕を課す権利などもたない。これがすべてだ。市民たちには、慎重かつ賢明に、最も和解的な形で、国家に対してどんな種類の奉仕を求めようとするかについて互いの考えを理解する権利がある」[16]。すると、プルードンには、国家による一方的な決定の産物ではないような租税の形式を構想する必要がある。一方的な決定による課税は、とりわけいまや労働者が自らの生産物の主人であり占有者であることを考えれば、君主制的なやり方なのだ。この点で、彼の租税に対する批判はラディカルなものに見えるかもしれないが[17]、租税の反対の側面、同等に基本的で、租税の原理を正当化する別側面も考慮に入れる必要がある。すなわち、あらゆる生産者は、その生産物が集合性に由来するがために、社会的負債を負うという側面である。何より重要なのは、市民たちが租税の前で徐々に平等になっていくようにするために、富と所有を平等化することである。これを論拠にしてこそ、彼は相続権を支持する。実際、彼は、遺産の没収が人々をより平等にすると考えるのは誤りだと主張している。それは、せいぜい下流側での操作に関することでしかなく、しかも、不平等を是正するより、社会的結束や世代間の紐帯に損害を与える操作なのだ。上流側での操作によってこそ、相続は誰の目から見ても公正で必要なものになるのであり、それは、生産手段の再領有と交換における平等によってなされるのだ。

人間は死に、社会は変化するからこそ、相続が必要である。家族はけっして滅びるべきではないからこそ、ある世代、また次の世代と絶え間なく命を奪う運動に、不死性の原理を対置する必要があり、それが諸世代を支えるのだ。父と子供たちを結びつけるものが何もないために、絶えず死によって分断され、毎朝のように復元されねばならないとしたら、家族は一体どういうものになるだろうか。あなたが相続の何に不快感を催すのかは分かる。あなたからすれば、相続は不平等を維持することにしか役立たないのだ。不平等は相続から生まれるのではない。それは経済上の争いから生じるのだ。相続は、事物をそのままの状態で引き継ぐ。したがって、平等を創出すれば、相続はあなたがたを平等にするだろう。(18)

「共同体」(共産主義)と「所有」(資本主義)のあいだに、プルードンは別世界を構築しようとする。「一方の社会主義は人類の経験を否定し、他方の政治経済学は人類の理性を否定するという形で、両者は交互に否定するが、共に人間的真実の本質的条件を満たしていないのだ」[19]。

原注

(1) Cahier 3 in 4°, NAF 18256、ブザンソン〔市立〕図書館所蔵の未公刊の資料。『所有とは何か』の〔文庫版の〕序文「どのようにして所有は盗みになったのか」で、E・キャスルトンが引用しているもの(『所有とは何か』、パリ、リブレール・ジェネラル・フランセーズ、二〇〇九年、七二頁)。
(2)『経済的諸矛盾の体系』第二巻、アントニー社、フレンヌ・アントニー・グループ版、一九八三年、二八九頁〔=邦訳、(下)三六一—三六二頁 ※ただし、底本の違いにより原文が異なる〕。
(3)『所有とは何か』、アントニー社、トップ&H・トリンクィエ版、一九九七年、三二一頁〔=邦訳、二二一頁〕。
(4)同、一一五—一一六頁〔=邦訳、一五三頁〕。
(5)同、一四一—一四二頁〔=邦訳、一九二頁〕。強調は引用者。
(6)同、二五二頁〔=邦訳、三七〇頁〕。プルードンはこう付け加える。「労働者のあらゆる能力は、あらゆる労働用具と同じく、蓄積された資本であり、集合的所有物であるから、能力の不平等を口実とした待遇や財産の不平等は、不正であり盗みである」。
(7)『文学的世襲財産』、ブリュッセル、オフィス・ド・ピュブリシテ、一八六二年、一五九頁。
(8)同、八九頁。
(9)『所有とは何か』、六五—六六頁〔=邦訳、七四—七五頁〕。

(10)『所有の理論』、パリ、ラルマッタン社、一九九七年、一二八頁。
(11)同、一四九頁。
(12)同、六五頁。
(13)同、二二五頁。
(14)同、六三頁。
(15)『租税の理論』、パリ、ラルマッタン社、一九九五年、七九頁。
(16)同。
(17)次のようにプルードンは断言する。「われわれを働くように促したのち、自らの生産物の所有権と処分権を保証するのに先立って、売却、賃貸借、交換に関する諸条件をわれわれに課すことはできない。それは、われわれの主導性を無効にし、勤勉と相続の成果を没収することに帰着するのだ」(同、一八四頁)。
(18)『経済的諸矛盾の体系』第二巻、前掲、二五二頁(=邦訳、(下)三〇四頁)。
(19)同、三九一頁(=邦訳、(下)五八七頁)。

訳注

＊1 droit d'aubaine は「資本利得の権利」と読めると同時に、フランスに歴史上存在した「他国者遺産没収権」(定住外国人の遺産が相続されず、領主、のちには国王がそれを没収できるとした特権)を意味する言葉でもある。この没収は、合法化された「盗み」と捉えうるが、プルードンは、「資本利得の権利」はすべて、この「他国者遺産没収権」と同じ性質をもつと考えたのである。

＊2 ただし、『所有とは何か』では、ホメロスの詩を例に、生産物として見た場合の文学作品は、生産物一般と同列に平等主義的な交換の関係に入るべきだとも言われる(=邦訳、一七四―一七五頁)。資本制的所

有のような専有が認められないという点では主張は一貫している。

第二章　秩序の認識論の基礎

I　系列弁証法の理論

所有についての第一の覚書によって巻き起こすことができた論争に力を得て、引き続き第二、第三の覚書（『ブランキ〔氏〕への手紙』、および『所有者への警告、あるいは『ラ・ファランジュ』誌の編集者コンシデラン氏への所有権擁護をめぐる手紙』）を一八四一年と一八四二年に書いたプルードンは、かくも順調な歩みを止めようなどとは考えなかった。今度は宗教と哲学に挑むことにしたのだ。この企てにおいて、彼の野望は、厳密な方法論の基盤を定めることにあったが、それは道徳の諸規則を示すためのみならず、認識の統御を可能にする確実性の基準を提供するためでもあった。そうした次第で、彼は真の認識論の基盤を定めた。その方法とは、系列弁証法、あるいは観念＝実在論という方法であり、それは一八四三年に公刊された著作『人類における秩序の創造』をもとにして展開されるものである。プルードン自身が認めるように、彼の野望はその能力を超えていた。深い学識を示すと同時に混乱にも満ちたこの著書は、それでもやはり一定数の直観を垣間見させるもので、そうした直観は、著作全体にわたって敷衍されることになる。系列理論は、何をも排除することなく、現実の多元性を包括する方法を形作っているが、それは、すべての潜在性にわたって現実をよりよく組織し、よりよく理解することを可能にするためのものである。その潜在性とは、現実が運搬者役を務めるような潜在性である。〔ところで、〕普遍的科学という考えは不可能である[*1]。というのも、一般的対象なるものは存在しないからであり、分類し、関係づけることが重要であるような諸科学の多元性こそ可能である。確実性は存在可能で、望ましいものでもあるが、それが導く行動と同様に、位置づけをもつものである。このことから、実践と観念の弁証法が生じる。すなわち、「悟性のうちに、先立って経験のうちに存在しなかったものは何もないのと同様に、社会実践のうちにも、理性による抽象に由来しないものは何もない。それゆえ、論理と同じく社会も理性と経験の一致という本源的な法則を有する[1]」。プルードンが書いているように、「私の実践哲学は、私の思弁哲学に先立っています。あるいは、少なくとも実践哲学が基盤ないし保証として思弁哲学に用立てされているのです[2]」。このことに基づいて、秩序の概念を着想することが可能となる。

私は系列的ないし均整的なあらゆる配置を秩序と呼ぶ。秩序は必然的に分割、区別、差異を前提とする。分割されず、区別されず、差異をもたない事物は何であれ、秩序立ったものとして理解することはできない。これらの概念は互いに相容れないのだ[3]。

系列は次のように定義される。系列とは、「多様性における綜合的直観、分割における全体化である。系列法則は、実体や原因の観念すべてを排除する。それを客観的実在として認識するにもかかわらず、だ。系列法則は、対等、進行、あるいは類似の関係を明らかにするのであって、影響や連続性の関係を明らかにするのではない(4)」。したがって、秩序は、現実およびその潜在性に基づいてしか構想されえない。それらは、いかなる事実をも排除しない方法、あらゆるイデオロギー(現実を意志に従わせようとする考えの論理と理解される)の予防や抑止を可能にする批判的態勢を前提にした方法によってこそ姿を現す。すなわち、「系列を発見すること、それは数多性のうちに単位〔=統一性〕を、分割のうちに綜合を見出すことである。それは、悟性の前駆的配置や前駆的形成の力によって秩序を創出することではなく、秩序の現出に身を置き、知性の覚醒によってそこからイメージを受け取ることである(5)」。

II　アンチノミーの弁証法

秩序の配置は、彼の考えでは――そして、ここに彼の弁証法の基本的公準があるのだが――アンチノミーから生じる。「アンチノミーの両項は、電池の両極が互いに破壊し合わないのと同じで、解消されることはない。問題は両項の溶解すなわち死を見出すことではなく、絶えず不安定で、社会の発展そのものに従って変化する均衡を見出すことにある」[6]。こうして、二項のあいだの不安定な均衡は、「第三項から生まれるのではまったくなく、両者の相互作用によって生まれる」ということになる。マルクスは、プルードンにヘーゲル主義を「感染」させたと自負していたようだが[7]、プルードンは、すぐさま彼固有の弁証法を練り上げ、ついでヘーゲルに敵対したのである。実際、プルードンにとって、ヘーゲルの綜合は、定立と反定立を消滅させるため、政府至上主義的なものなのだ。綜合は、「それによって統合される両項の後に来る上位のものである」点で、国家のただなかにあらゆる個別性とあらゆる特異性を溶解させることに通じる。国家は、綜合することを口実に、現実の多元性を破壊するのである。したがって、「ヘーゲル的定式は、〈主人〉の意志あるいは誤りによってのみ三項構造をとる。〈主人〉の誤りとは、本当は二項しかないところに三項を数えてしまうことであり、アンチノミーが解消されることはなく、それが変動なり、ただ均衡の余地のみを有する対立なりを意味することを少しも理解しないという誤りである。その観点からすれば、ヘーゲルの学説全体は、作り直されねばならない」[8]。ヘーゲルの弁証法においては三項が生み出されるが（定立、反定立、そして綜合）、プルードンにおいては二項しか見出されない。ヘーゲルがアンチノミーは解消すると主張したのに対し、プルードンの二項は常に相反するままにとどまる。また、ヘーゲルにとっては弁証法過程に終わりがあるとして、プルードンの弁証法にはそれが当てはまらず、対立は正義のおかげで均衡し、永久的な運動に変わるのだ。プルードンの弁証法がヘーゲルから離れているとして、それはカントのアンチノミーの方法ともまた異なっている。まずもって、カントのアンチノミーは、否定的帰結、理性が直面する壁のようなものだという特徴をもつが、プルードンのアンチノミーは、現実および正義の条件そのものを構成するという違いがある。それから、カントのアンチンミーは、存在ではなく理性のうちにあるものだが、プルードンのアンチノミーは、同時に理性と存在のうちにある。このようにして、カントにおいてアンチノミーは、認識の一部分にしか関わらないが、プルードンにおいては、アンチノミーが世界の闘争的ヴィジョン全体を概括する。そのようなわけで、「物質界と同じく精神界もまた、還元不能で対立的な諸要素の多元性に立脚しており、そうした諸要素の矛盾によってこそ宇宙の生命と運動が生じるのである[9]」。系列弁証法によって、彼はアンチノミーがニヒリズムにつながるのではないということを示す。アンチノミーが系列化されているという意味において、である。「アンチノミーを取り去るなら、諸存在の進歩は説明不能になる。というのも、どこに進歩を生み出す力があるのか〔ということになるからだ〕。系列を取り去るなら、もはや世界は、不毛な対立の混じり合い、目的もなければ理念もない全世界的沸騰にすぎなくなる[10]」。このようにして、彼の弁証法は、「進歩」についての彼の考えを理解させてくれる。運命論でも理想論でもなく、常に正義の影響下にあるものとしての進歩である。そこにおいて、社会法則と良心が、必然性と偶然性が合流するのだ。

Ⅲ　自由について

もろもろの矛盾は、両者の均衡を予想させる正義の原理によって組織されるからには、人類の崩壊に帰着するような万人の戦いをもたらしはしない。反対に、プルードンは、矛盾が人類の和解を促すと同時に、人類の死の兆候となる〔第三の〕項が与えられるのを防ぐのだと何度も繰り返し述べている。ここでもまた均衡は運動と結び合わされるのだ。彼は次のような理論を提示する。

たしかに、私は〔社会に存在する〕敵対の事実、あるいはあなたのお好みであろう呼び方にすれば、宗教的疎外の事実を否認しないが、同じように、人間を自分自身と和解させる必然性についても否認しない。私の哲学全体は、和解の永続にほかならない。〔…〕もちろん、あなたが次のことに同意するなら、われわれはほとんど考えが一致しているということになろう。人間の諸機能の対立と調和を、歴史上の二つの異なる時代、はっきりと切り分けられた連続する二つの時代のこととして捉えるのではなく、私と同じように、そこに人間の本性の二つの側面、常に敵対し、常に和解に向かっているが、けっして完全には和解しない二つの側面だけを見ようとすることに同意するなら、である。(11)

プルードンにおける自由は、あらゆる運命論から解放されることに存するのと同時に、自由がその起源に従属するのを認めることにも存する。言い換えれば、逆説的だが論理的なこととして、人間本性の法則を認識することによってこそ、われわれは本性から自由になれるが、それは本性とよりよい妥協をするためなのだ。「古代の賢人たちが述べたように、何ものも自存せず、万物は互いに依存し、連関する。したがって、森羅万象は、対立、釣り合い、均衡である。そうした永遠のダンスの外にも内にも何もない」[12]。歴史は、相反する諸要素からなる宇宙のただなかで、自由がそれ自身と結ぶ協約から生み出されるのであり、創設的起源に基づいて新しい時代を開始させる創造から生み出されるのではない。歴史は、「何も失われず、何も作り出されず、すべては変化する」と述べた〔化学者で、フロギストン説を否定した〕ラヴォアジエの自然科学的方法のプロセスとより密接に結びついている。すると、創造とは、所与の要素の構成に基づくものだと理解される。それら要素は、〔自然および社会における〕対立が織りなす宇宙全体のダンスに含まれるものである。すなわち、「創造を可能にするもの、それは私から見れば、自由を可能にするものと同じで、もろもろの力能の対立である」[13]。動物においては、社会の様式は本能によって最終的なものとして決定されている〔動物たちの組織化に問い直しの余地はないし、それゆえ歴史的条件も問題にならない〕。その反対に、人間は、自発性に抵抗し、それを最善にも最悪にもしうるという力をもつ。その意味で、人間とは、常軌を逸することもできれば、固有の限界内にとどまって、自らに固有の法を生み出すこともできる存在なのだ。「人間は、あらゆる被造物の多様な属性を概括するような存在であり、他の被造物にはない特権を有する。それは、外界に抵抗することもしないことも選べるというだけでなく、自分自身の自発性にも抵抗できるという特権である。自発性は、身体的、知性的、道徳的、社会的、といったいくつかの仕方で人間に作用するが、それを消費し濫用すること、破壊すること、つまりは自身の内外であらゆる運命論を否定することができるのであり、それは自身をしだいしだいに〈絶対者〉とは逆の姿にしながらなされるのである」[14]。言い換えれば、人間は無限に対して限界を設定する存在として、また私的なものと社会的なもの、双方の様式に関して複数的である存在として、〈絶対者〉、すなわち人間が神という名を与えうる存在と区別される。しかも、単に区別されるだけでなく、自らの自由を実効的にするために、それと対立するのである。

原注

(1)『経済的諸矛盾の体系』第二巻、前掲、一五九頁(=邦訳、(下)二四二頁)。
(2)ユエ宛の手紙、一八六〇年一二月二五日。
(3)『人類における秩序の創造』第一巻、アントニー社、トップ&H・トリンクィエ版、二〇〇〇年、二一頁。
(4)同、二四三頁。
(5)同、一九七頁。
(6)『所有の理論』、前掲、五二頁。
(7)「一八四四年のパリ滞在中、私はプルードンと個人的親交をもちました。[…]しばしば一晩中にわたってなされた長い議論において、私は彼にヘーゲル主義を感染させ、彼は大いにその影響を被りました。というのも、彼はドイツ語を知らないので、物事を徹底的に研究できていなかったからです」(カール・マルクスからシュヴァイツァーへ、『哲学の貧困』、パリ、コスト社、一九五〇年、二二六―二二七頁〔=『新訳　哲学の貧困』的場昭弘訳、作品社、二〇二〇年、二二六―二二七頁〕。

(8)『革命における正義と教会における正義』第一巻、前掲、二二八―二二九頁。

(9)『所有の理論』、前掲、二二三頁。

(10)『経済的諸矛盾の体系』第二巻、前掲、三九六頁〔=邦訳、(下)五九六頁〕。

(11)同、二二六頁〔=邦訳、(上)五一〇―五一一頁〕。

(12)『進歩の哲学』、パリ、マルセル・リヴィエール版、一九四六年、四二頁。

(13)『革命における正義と教会における正義』第三巻、パリ、ガルニエ・フレール版、一八五八年、二二二頁。

(14)同、二二四頁。

訳注

＊1　やや唐突な印象を受けるが、『人類における秩序の創造』は、諸科学の成立条件が「系列化」であることを明らかにしつつ、経済科学の成立可能性を探究するというメタ科学論としての性格をもつ。

第三章　宗教のパラドクス

I　汲み尽くせない現象

きわめて早い時期に、プルードンは神の神秘について考え、眩暈《めまい》に襲われた。彼はこう述べている。「私は生まれてこの方ずっと神のことを考えている。私をおいて他の誰にも、神について語る権利を認めない[1]」と。コレージュ時代の読書、ゴーティエ印刷所での校正工、ついで職工長の仕事によって、彼は神学者たちの著作に慣れ親しむこととなった。ボシュエ、〔ルイ・〕ブルダルー、Dom〔オーギュスタン・〕カルメ、〔イザーク＝ジョゼフ・〕ベリュイエ、フェヌロン、〔ニコラ＝シルヴェストル・〕ベルジエ、ほか多数の神学者である。二つの本が彼の哲学者人生において特別な位置を占めるものとなる。まずは聖書であり、彼は一冊のラテン語の聖書を生涯ずっと持ち続ける。彼は、論争の的となっている箇所を理解するためにヘブライ語の助けを借りながら、聖書に詳細な注釈を付けることになる。その表紙の《聖書》（Biblia sacra）という言葉に続き、彼は誇らしげに《プルードンの》（PROUDHONIANA）と付け加えた。それは彼の聖書であり、愛読書だったからだ。同じくきわめて早い時期に手に入れ、著述活動の全体にわたって活用した第二の本は、ベルジエの『神学事典』である。同書は、一七八八―一七八九年に初版が刊行された大全であり、プルードンは神学の大部分をここから学んだ。〔こうして〕プルードンのあらゆる著作には神学的省察が染み込むこととなり、サント＝ブーヴが指摘したように、同時代人の中には、プルードンが神学校の出身だと思う人たちがいたほどである。やがて、ジョルジュ・ソレルは、『プロレタリア理論のための素材』（一九一九）で、プルードンはフランス神学の継承者だった、とまで述べることになる。

だが、プルードンの教育は熱烈なキリスト教信仰の刻印を受けたものではなかった。その母は、深い信仰心の持ち主だったけれども。彼は若い頃に読んだいくつかの本によって、自らの信仰を疑い始めた。特に、第四学年の終わりに賞品として受け取った、フェヌロンの『神の存在に関する概論』、およびラムネーの著書『宗教への無関心に関する試論』によって、である。一八四〇―一八四一年まで、彼はまだ己を知ろうという段階にあった。いくぶんかは理神論者（平等と友愛の神を信じる）だった彼は、神なき共和政を構想することはなかったのだ。その後、考えを重ねることで、彼は少しずつ反宗教、反神論に向かっていった。だが、教会と神への敵意が強固であり続ける一方で、イエスに対しては称賛をやめなかった。イエスは偉大なる道徳心の持ち主であり、それにはあらゆる独断論への憤慨が伴っていると考えたのだ。すなわち、「彼は信心家を嘲笑し、僧侶のことをまったく意に介さず、宗教は人間のために作られたのであって、人間が宗教のために作られたのではない、と主張した(2)」。

プルードンと宗教的問題の関わりにおける最初の目立った転換点は、一八三九年に公刊された著作

『日曜日の祝祭の効用について』であり、同書では、超越の可能性が不可知のものとして捉えられる。神は証明されえない。すなわち、「その無辺なる総体は、われわれの理解を超える……」[3]。プルードンが多くを負っているカントは、「神とは何か」とか「真の宗教とは何か」という解けない問いを斥け、「どうして私は神を信じるのか」と自問することによって神学上の問題に異議を申し立てた。プルードンもその方向に進み続け、人間たちの歴史を貫いてもろもろの宗教で神が多様な現れをもった理由を考察する。それゆえ、彼はベルクマン宛の手紙で、次のように書くことができたのだ。

君は、私が神学を社会科学に混ぜ合わせることを望まず、私の本〔『経済的諸矛盾の体系』〕のプロローグや神とか悪とかについての挿話〔経済の諸段階についての議論に挿入された第八章の議論〕を非難しています。親愛なるベルクマンよ、この点で、君は苛立ちに身を任せてしまったのではないかと非常に危惧しています。というのも、私はあくまで、神、人間の運命、思想、確実性に関する問題、つまり哲学の重要問題すべては、経済科学の構成要素をなすと考えているからです。結局、経済科学は、哲学の諸問題の外的実現にほかならず、それは現象が物自体の表出であるのと同じだと考えているのです[4]。

常にプルードンに強い印象を与えたもの、それは宗教現象の不変性である。あらゆる民族に共通することも重要だが、それよりも、特にあらゆる時代に共通するという点が重要である。さらに、宗教に関する能力は、各民族に存在するように、各個人にも存在する。文化、気質、特定の時点に応じて、愛し方や働き方が異なるように、宗教に関する能力も多様でありうるが、それは常に絶対的なものについての理解不能の、したがって命名不能の知覚に属している。実際、プルードンの考えでは、人間は生まれつき悟性のうちに論理や文法の諸原理をそなえているのと同様に、心のうちに絶対的なものについての着想によって与えられる宗教的原理をそなえている。宗教の本質はいついかなるときも同じままで、その形態だけが進化する。その意味で、それぞれの教会は同じ宗教の一部分を表している。このようにして、宗教は存在するが、それは超越的なものであり、変動によって内在的正義を実現させる革命とは対立する。実際、プルードンには、彼の仕事全体を貫く根本的な対立があるが、その到達点は一般に彼の代表作と見なされる『革命における正義と教会における正義』に見出される。それは、超越的な神授権と内在的な人間的権利のあいだの対立のことで、前者は、絶えず人間による人間の抑圧を正当化してきたもの、後者は、人間が自身の唯一の主人であるという認識に存するものである。こうした対立は、厳密な意味での神学あるいは哲学の領域だけのものではなく、政治的なものでもある。実際、プルードンは、この対立によって人間を疎外しうるあらゆる〈絶対者〉を警戒することができた。人種であれ、人類であれ、プロレタリアであれ、国民であれ、資本であれ、歴史の終わりを体現すると見なされる絶対者は[*1]、世界の多元性と集合的存在の自律性を否定する。このようにして、権威の体系全体が生まれるが、その至高の形而上学的綜合が神であり、この権威の体系は三つの根本的な疎外を指し示している。すなわち、宗教（理性の疎外）、国家（意志の疎外）、所有

〈身体の疎外〉である。それらは〈絶対者〉のいわば〈三位一体〉をなしており、そのどれかに挑めば、別のどれかに挑むことになるほどである。プルードンは、権威の体系全体の躓《つまず》きの石、つまりは神〈〈絶対者〉の至高の体現〉に焦点を当てることで、主に、最も完全で、最も首尾一貫した体系であるカトリックの体系に挑むことになるのだ。

II　神授権と人間的権利

無神論者でも信仰者でもないので、プルードンには、不可知論者として〔人間と〕絶対的なものとの関係を検討する必要が常にある。彼によれば、それゆえにこそ、物質と精神を考慮に入れるとき、人は「唯物論者として、つまりは観察と経験によって進まざるをえず、また信仰者の言葉遣いによって結論づけをせざるをえない。それよりほかないからである」[5]。一八四七年一月八日金曜日、プルードンは、〔フリーメイソンの〕シンセリテ・パルフェト・ユニオン・エ・コンスタント・アミティエ、[*2]ブザンソン東部集会所に招かれた。そのとき、彼はしきたりである三つの問いに答えなければならなかった。すなわち、「人間は同胞に対して何をしなければならないか。国に対して何をしなければならないか。神に対して何をしなければならないか」である。最初の二つの問いに対する彼の返答は、期待されたとおりのものだったが、三つ目の問いに対する返答は、聴衆を仰天させるに十分だった。彼は、「神すなわち〈絶対者〉との戦い」[6]と答えたのだ。こうした「不遜な言葉」は、フリーメイソンのモットーである「宇宙の偉大なる造営者に栄光あれ」への攻撃として理解されて然るべきものであり、憤慨を生じさせるに十分だった。そこでプルードンは釈明しなければならなかった。神との戦いをしなければならないと明言することによって、正確には何を言いたかったのか。何よりもまず、プルードンにとっては、神なくして人類というものは考えられず、人類なくして神というものは考えられないこと、これを強調しておこう。彼は「人類は神にとって幽霊であり、同じように神は人類にとって幽霊である。両者は互いにとって、存在するための原因、根拠、目的である」[7]と述べているのだ。一方は他方との関連において存在し、明確化する。それゆえ、〈神が存在するという〉仮定を具体化するためには、神は世論が考えるとおりのもの、つまり創造物とは区別された存在、あらゆる場所と時間に遍在する存在、全知の存在、至高の判定者として捉えられることになろう（こうしてあらゆる汎神論的、人間主義的着想は退けられる）。「神は人格神である。そうでなければ存在しない。この二者択一を公理としてのみ、私の弁神論は演繹されるのである」[8]。したがって、われわれは区別された二つの存在、二つの人格である神と人間の目前において存在する。両者は、〈存在〉の敵対する諸機能をそれぞれ割り当てられている。キェルケゴールの表現を用いれば、「性質の断絶が両者を切り離す」のだ。こうして、両者が共に創造者であるとしても（人間は労働によって創造する）、キリスト教の教えにあるように一方が他方の創造に関与する協働者ではなく、競争相手として共に創造者なのであり、人間のそれぞれの創造運動は、神との戦闘である。というのは、「もし神が存在するなら、それは本質的に人間の本性に敵対するのであり、われわれは神の権威にいささかも従属しない〔から〕だ」。われわれは神に逆らって科学を手に入れ、社会を手に入れる。われわれの進歩それぞれは、〈神性〉を破砕する勝利なのである」[9]。こうして、神の本性と人間の本性は根本的に対立する。すなわち、「人間において、感情はいわば無数の異なる源泉から湧き出てくる。人間は矛盾したことを言い、混乱し、自身を引き裂くが、そうしたことがなければ自身を感じることもないだろう。反対に、神においては、感情は限りのないもの、つまり一つの完全で不変で澄み渡った平穏なものであり、幸福を手に入れるために対比によって感情を昂らせる必要もまったくない」[10]。神は無限で全知であり、〈一〉であるがゆえに敵対を知らず、自身が時間であり空間であるがゆえにそれらをわれわれのように理解する能力をもちえない。したがって、神は人類において何が起こっているかを知ることはできず、人間性を理解することもできない。秩序や完成化についての神の知覚は絶対的で永遠的なものであるからだ。人類だけが善と悪、時間と空間を見分けることができる。人類は欠陥、悪、死を知っているからだ。もし神が、有限者の属性、つまり人類に固有の属性を身にまとうなら、それはもはや神ではないだろう。こうして神は、起こることを把握できない。なぜなら、すべては「神の下で、神の地平の下で」起こるからである。反対に、人間としての資格で、「われわれは自らの内と外を見る。そして、有限であるがゆえに人間理性はわれわれの地平を越えるのだ」[11]。人間には、絶対主義に向かういくつかの絶対的力能が宿っているが、それらの力能は多元性のうちで合成され、均衡する。それは、人類が数多の人格によって構成されているからにほかならないが、神の場合、〈絶対者〉は〈一〉であり、多元性によって釣り合いがとられることはありえないので、絶対主義を免れられない。それゆえにのみ、プルードンは〈絶対者〉、および人間がそれに対してもつべき関係に重要性を与える。つまり、われわれが社会や自分自身のうちにも〈絶対者〉を見出すとしたら、自由な存在であろわれわれの宿命は、それに対抗し、もって絶対主義を拒絶することにある〔ということになるのだ〕。

プルードンは、悪の存在ゆえに神を責めることはしない。それは神学者たちが人間に固有の罪という考え方によって説明を与えたものだ（プルードンもまた人間の欠陥を認めるが、それが「原罪」に由来するものだとは捉えない）。彼が神を責めるのは、何よりもまず、〈摂理〉の力によって人間に影響を与えようとする意図ゆえだが、それだけでなく、創造主として、人間を統御する法をわれわれに直接明かしはしなかったという事実ゆえにでもある。その法の最高度の表現が正義にはかならないのに、だ。しかしながら、プルードンは暗にそれが不可能だったことを認めている。人間と神の本性は根本的に異なっているのだから、そのことは何らかの形での〔神と人間のあいだの〕伝達不可能性を予想させるというわけである。人類は神に逆らって正義を手に入れ、それを神のうちに見出すが、それによってこそ人類は威厳と誇りをもった存在になるのだ。

Ⅲ　宗教から正義へ

プルードンは、正義を新しい宗教の対象に仕立て上げたとして大いに批判された。〔プルードンについての研究書もある神父〕アンリ・ド・リュバックは、それを前にして、「神聖なる身震い」を覚えたと書いている。たしかに、プルードンは、正義にも宗教にも人間に自らを凌駕する力を感じさせるという同じ力があると考えるが、とはいえやはり両者は別物だと捉えている。プルードンにおいて、正義は二つの方向で宗教と比較されうる。一つは、水平的と呼びうる方向で、それは個人の側からの力能と強度の探究を構成する。もう一つは、垂直的な方向で、それは人間が自らの存在を超えた存在に達することを可能にする。水平面において、力能の探究は宗教と正義に共通だが、根本的な違いが一つだけある。宗教の場合、人間は信じている力能が（外部から）自らの生に浸透するべく努める。反対に、正義の場合、人間は必要とする力能を自らの奥底にこそ見つけるべきだという前提に立つ。宗教は、正義とは反対に、人間は自律的であるために必要な潜在力を十分もたないと考えるのだ。しかしながら、両者は、人間が単に生を受け入れるだけでなく、それに意味を見出そうとすると捉える点で考えが一致している。宗教には垂直の方向もあるが、それは高低のあいだに関係を設けるものであり、その関係は単純な経験の限界を超え、啓示に属する。ここでわれわれは、宗教に固有の超越性と正義の内在性の根本的な違いを再び見出す。宗教において、人間の潜在力の限界は、神の潜在力の始まりであり、啓示が両者のあいだを架橋する。それによって人間は限界を超えられる。正義もまた、人間が限界を超えられるようにするが、それは正義が根本的に人間に内在するものでありながら、人間を超える力能であるがゆえのことである。実際、人間はもろもろの力能の合成体であり、もろもろの自然的能力の綜合であるから、人間のうちには無限の可能性が宿り、それによって人間は外的限界（人間に外在的な法を課すもの）だけでなく、内的限界も超えることができるのだ（人間が自分を超えた存在になることを可能にする、もろもろの他なる特異な力との合成によって）。それゆえ、宗教のこれら二つの側面、すなわち力能が人間の外部に探究されるという水平的側面、および啓示によって限界を超えられるという垂直的側面、これらを検討することによって、われわれは、正義も同じく「力能」および「限界を超えて」という概念を軸とするが、正反対の様式に従うことを確認できる。実際、宗教は、自らを〔人間の〕生に差し込まれる異質の力能、「まったく他なる」力能だと捉えるのに対し、正義は、自らのうちにこそ人間はその力能を見出すのであり、宗教は結局、人間のそうした潜在力を否定することによってその能力を遮るのだと断言する。また、プルードンは他の絶対主義と同じように、正義を一つの絶対に仕立て上げたとして批判する者もいた。こうした反論に対して、プルードンは、生前は公刊されなかった著書である『娼婦政治』（一八七五）で、〈絶対者〉と確実性を区別する必要がある、と応答した。もちろんのこと普遍的真理は存在するが、だからといって、それが啓示されたものだとか、超越的なものだということにはならない。それゆえ、彼は次のように断言する。「私が哲学の基礎に据えた正義が、まったく絶対的なものではないことは明らかである。それが私にとって、実在性をもち、絶対的確実性をもつにしても、だ[12]」と。

プルードンは、宗教批判において、啓蒙哲学にも満足していない。彼の考えでは、啓蒙哲学は宗教について何も理解していないばかりか、それ自身も、完全に一つの宗教を作り出してしまった。宗教は、人間を奴隷化するための人工的な創作物ではない。そうした帰結に達しうるとしても、だ。それは、人類の胎内から生まれたもので、はじめは正義に基礎を与えるためのものだった。こうした次第で、宗教は、ある時点では、プルードンが「革命」と呼ぶ大きな運動のうちに存在理由をもったのだが（とりわけ、神のもとでの万人の平等を主張したキリスト教と共に）、宗教的感情は依然として存在し続けている。それゆえ、われわれの悟性による絶対的なものの概念は、いまや正義の名において反神論の力学のうちに位置づけられるべきであって、神の名において宗教的静止状態に位置づけられるべきではない。諸宗教を一掃しても無益であり、それはより見事で、より強力で、より頑丈な形でよみがえる。一七九三年の恐怖政治の惨劇が明らかにしたように、である。最高存在の名においてギロチンと破門を用いることで、恐怖政治は一九世紀を最もカトリック的な時代としたのだ。子供たちに神について語ることをやめさせても、やはり無益である。神についての見解をもつためには成熟した理性をもたなければならないという口実のもと、ルソーが推奨したように、である。それは、結果として迷信を永続させることになる。反対に、人類の歴史は、各存在において繰り返されるのであり、われわれの実存の黎明期が正義の寓話を生み出すというのはまったく通常のことなのである。

宗教と神学者たちに挑んだ一方で、プルードンは、無神論教会との決着もつけなければならなかった。その最も注目に値する使徒は、当時、フォイエルバッハだった。フォイエルバッハは、『キリスト教の本質』で、人間と神は区別される二つの存在なのではない、神とは本当のところ、人類の理想化された投影にほかならないからだ、と明言した。〔社会主義活動家〕エヴェルベックから受け取った文書において、プルードンはフォイエルバッハの著書についての注釈をつけている。フォイエルバッハが、存在の組織化はその理性の範囲内に限定されると主張するのに対して、プルードンは、絶対の探究者としての人間は自分の手が届くはずのものの先を見るのだと述べる。さらに、フォイエルバッハにとっては、神は幻影であって、そこに人間が自らに固有の属性を投影するのだが、プルードンにとっては反対に、神の属性と人間の属性は根本的に相反する。したがって、プルードンにとっては、神の非存在を証明することは不可能であり、無神論者と呼ばれたときの彼の反応は、控えめに言っても激しいものだった。〔スペインの保守主義者〕ドノソ・コルテスが彼を悪魔と呼んだところ、彼は「悪魔ほど無神論者でない者はいない[13]」と指摘している。それは、プルードンの考えからすれば、無神論は宇宙を理解することができないからだ。宇宙の本性は、絶対的なものという軸に支えられることにあるのだ。実際、「無神論は理由もなく、悟性が必ず前提とするもの、すなわち諸現象の基体を否定することによって、同時に、あらゆる概念の正当性を否定するが、それは自らに科学を禁じることに等しい。無神論者は、引力を発見しなかっただろう[14]」。無神論と人間主義は、人間を神として捉えることによって、現実からその力能の一部を削除してしまったが、それは絶対的なものについての混乱ゆえである。実は、宗教も無神論も、自由と正義の発展のために必要な、諸力の対立を否定するという同じ否定に関与している。それらは、絶対的なものに逆らって人間がどのような立場をとるべきなのか、そして絶対的なものとどのような関係を結ぶべきなのかを理解しなかったのだ。しかるに、プルードンによれば、人間は答えのない問い、たとえば「神は存在するか」とか「神は死ぬか」といった問いを乗り越えるべきであり、それは〔フリーメイソンの集会所でプルードンがそうしたように〕神、無、およびそれらを表すものに対する永続的な戦いと答えることによってなのである。それゆえ、プルードンは次のように主張できたのだ。「唯一、〈革命〉だけが〈絶対者〉に敢然と向き合った。革命は心に思った。「私は絶対者を手懐ける、《追いかけて、捕まえる》」と。この哲学は、どれほど強力で、人間的で、根本的で、そしてとりわけ純正だろうか！……」と。[15]

原注

(1)『革命における正義と教会における正義』第一巻、前掲、四六頁。
(2)『人類における秩序の創造』第一巻、前掲、五三頁。
(3)全集、第四巻、『日曜日の祝祭の効用について』、ジュネーヴ、スラトキン社、一九八二年、八八頁。
(4)プルードンのベルクマン宛の手紙、一八四七年六月四日。プルードンは、これに続き、いまや、「貧困については語るが悪については語らないこと、生産物の価値については語るが諸思想の価値については語らないこと、人類の統治については語るが神の統治については語らないこと、等々」が必要になっているという現状を嘆き、「けれども、君自身も、こうした鈍った精神の思い上がりがいかに一貫性を欠くかを感じていることでしょう。そして、確実なのは、私はこれに屈服するような人間ではなかったということです」

と述べている。
(5)『経済的諸矛盾の体系』第一巻、アントニー社、フレンヌ・アントニー・グループ版、一九八三年、二三頁〔＝邦訳、(上)四三頁〕。
(6)『革命における正義と教会における正義』第二巻、パリ、ガルニエ・フレール社、一八五八年、二〇八頁。
(7)『経済的諸矛盾の体系』第二巻、前掲、五四頁〔＝邦訳、(上)五五五—五五六頁〕。
(8)同、三五頁〔＝邦訳、(上)五二六頁〕。
(9)同、四〇頁〔＝邦訳、(上)五三四頁〕。
(10)同、四九頁〔＝邦訳、(上)五四八頁〕。
(11)同、五一頁〔＝邦訳、(上)五五一頁〕。
(12)『娼婦政治』、パリ、ラクロワ版、一八七五年、一〇一頁。
(13)『革命における正義と教会における正義』第二巻、前掲、三〇六頁。
(14)同、三〇二頁。
(15)同。

訳注

＊1 第二章Ⅱ節で引用された言葉を用いて補足するなら、「絶えず不安定で、社会の発展そのものに従って変化する均衡を見出す」のではなく、非時間的な「第三項」として人種、人類、等々を捉えることは、すなわちそれらを「絶対者」として捉えることであり、それぞれに特殊で具体的な集合的存在の自律性・自由を否定することになる、という趣旨。

＊2 固有名詞。直訳すれば、「誠実・完璧な結合・絶え間なき友情」。

第四章　国家の政治神学

I　一八四八年の革命のただなかで

プルードンの経済学および神学に関する考察が、一八四〇年代にはもう十分展開されたとして、国家についての体系的批判を練り上げる機会を彼に提供することになったのは、一八四八年の革命である。一八四八年二月、政府は失業者を雇用するために国立作業場の設立を支援していくことを決定した。プルードンは、このような発意にあまり幻想を抱いていなかった。彼からすれば、それは社会問題を葬り去るための計略をなすものだったのだ。五月三〇日の政令によって議会が国立作業場の清算を決定したとき、暴動が勃発寸前になった。それを予防するため、政府は国立作業場に登録していた一七歳から二五歳の労働者たちに軍隊に加入するよう強制し、他方、二六歳以上の者については地方で働くべくパリから退去させられた。六月二二日、最初のデモが起こった。この出来事に際し、プルードンは控えめに言っても、慎重だった。あまり熱意をもつことなくバリケードに参加したのち、彼は家に戻って手帖に次のように記した。

今日の勝利は権威に対するアナーキーの勝利であるか、そうでなければまやかしである。今日、誰も自らの手段に疑いをもたない以上、われわれは試行錯誤することだろう。それは高くつくだろう。もう一度言うが、反対派の過ちはきわめて大きく、はかりしれないほどだ。結果がそれを証明するだろう。労働と研究によってなされえたこと、そしてなすべきだったことが、いま国家および予算に対して要求されようとしている。〔…〕理念なき革命がなされたのである!……[1]

言い換えれば、プルードンは二月革命を政府至上主義の「観念中毒」に捕らえられたままのものと見なした。それは、ある政府に別の政府を代置することに存するもので、経済的・社会的革命の必然性をまったく考慮に入れようとしないが、経済的・社会的革命こそが、その結果として人間同士の政治的関係を根本的に変えうるのだ(人間による人間の搾取〔の根絶〕は、人間による人間の支配の根絶と並行してなされねばならないのだから)。明らかな予兆、それは社会革命の象徴である赤旗[*1]が、とりわけラマルティーヌに屈する形で三色旗のためにすぐさま除去されたことである。さらに、臨時政府によって設置された国立作業場は、いんちきであることがすぐに明らかになった。それはせいぜい慈善の作業場でしかなく、十分な仕事を提供することはなかったのだ。たしかに、二月二八日に労働委員会が設立されたが、その予算は切り詰められたもので、役割は主に雇用者と労働者の調停だった。四月には、議会で労働者階級が代表されるようにと、社会的共和国の支持者が市庁舎の近くに結集したが、その群衆はすぐさま国民衛兵によって追い散らされた。プルードンが願った経済的・社会的革命は話題にならなかったのだ。それでもプルードンは諦めず、反対に、戦いへと断続的に身を投じた。立て続けに小冊子を発行することによって、である。とりわけ、やがて『社会問題の解決』にまとめられる小冊子群で彼はいくつかの考えを展開したが、その考えは『人民』紙上で発表される論文群にも見ることができる。すなわち、民主政および普通選挙は、社会問題の解決が伴われなければ、まやかしだという考えである（その社会問題は、とりわけ所有権・租税・信用を対象とするものである）。それゆえ、まずは経済革命なのである。それでもプルードンは、国民議会のただなかで政治的冒険を企てようとする。ここで彼は、自らの思想への裏切りをいくらか伴うご都合主義を示しているだろうか。いや、プルードンの野望は、統治機構の恩恵を被る形で国の改革をすることよりも、社会変革についての自分の考えを広め、労働者階級の権利を強調できる演壇を手に入れることにあったのだ。(2) 彼は代議士に選出され、一八四八年六月四日から一八四九年五月二六日までの期間、務めることになる。

一八四八年一二月二〇日、ルイ＝ナポレオン・ボナパルトが四年任期の共和国大統領に選出された。そのとき一瞬、プルードンは彼と妥協できるのではないかと期待したが、それは、ルイ＝ナポレオンが一八四八年の革命を継続すると約束すれば、である。けれども、プルードンはだまされはしなかった。きわめて素早く大統領の野望に立ち向かうことへと進む。とりわけ憲法を擁護することによって、である。彼は、ボナパルトの特権が議会の特権を侵害することはできないし、またするべきではないということを示すのに憲法が有用だと見なしたのだ。プルードンの考えでは、大統領とは、せいぜい「議会の代理人ないし代弁者」でしかありえない。プルードンの論文の中でも、二つのものが特にルイ＝ナポレオン・ボナパルトに激しく敵対するものである。一八四九年一月二六日および二七日の論文である。前者は「戦争」(3)と題されており、まさに議会と大統領の戦いに関するものである。大統領は議会の解散を望みうるが、半数をわずかでも超える議員によって、その計画は妨げられる。プルードンは次のように注釈する。「ためらうことなく言おう。戦いは議会と内閣のあいだだけではなく、議会と共和国大統領のあいだにもあるのだ」(4)。この号の『人民』は、たちまち発禁となるが、早くも翌日、プルードンはお構いなしに、「共和国大統領には責任がある」(5)と題された反大統領の新論文を執筆する。その論文でも、プルードンは革命の計画を担う議会と反革命を体現するボナパルトを対比させた。彼はどんな危険に身をさらすことになるかを重々承知していたが、構わない。誰も彼を黙らせられないのだ。共和国検事が『人民』の前日号を発禁にした？　そうかい、「ならば今号も発禁にするがよい！」(6)。こうして一八四九年三月二八日水曜日、彼はセーヌ重罪院に出廷し、四つの訴因に関して抗弁しなければならなくなった。すなわち、共和国政府への憎悪と侮辱の煽動、憲法への攻撃、憲法によって大統領が保持する権利と権威への攻撃、そして最後に、市民相互の憎悪と侮辱の煽動、これら四つである。抗弁むなしく、プルードンは禁錮三年、および三〇〇〇フランの罰金を宣告される。彼は破棄院に上告し、抗弁に必要な覚書を用意するため、国民議会議長に一ヶ月の休暇を求めに行く。すると、その休暇を利用して彼はベルギーへ逃亡した。三月三〇日に出発したが、〔その後ひそかに戻っていた〕パリで、六月五日、自宅から出たところを逮捕され、すぐさまサント＝ペラジーに移送される。そこで彼は禁錮三年の刑期の一部をつとめた。〔獄中で〕彼はユフレジー・ピエガールと結婚するが、それは、夫と妻の権利・義務であると彼には思われた諸条件を提示したのちになされた。彼は生涯、彼女と共に過ごし、彼女を自分の半身として捉えた。そのうえ、彼は獄中生活を有効活用して執筆量も読書量も倍に増やし、同房の囚人に強烈な印象を与えた。彼は注意深くフランス政治の動向を見守り（特に彼は数々の新聞を読むことができた）、論文、手紙、さらには著書『革命家の告白』(7)を執筆することで論議に参加した。無我夢中で書かれた同書は、同じくラディカルな政治的著作『一九世紀革命の一般理念』を予告するものである。

II　民主的主権の神話

一八五一年に刊行された『一九世紀革命の一般理念』のエピローグにおいてこそ、次の有名な攻撃文が書かれる。

統治されるとは、資格も学識も徳性も……もたない人たちによって、監視され、検査され、スパイされ、指揮され、法律を制定され、規制され、整置され、教え込まれ、説教され、監督され、評定され、鑑定され、検閲され、命令されることである。統治されるとは、一つ一つの作業、一つ一つの取引、一つ一つの移動について、記録され、登録され、調査され、料金を定められ、印紙を貼られ、測量され、課税され、分担金を課され、事業免許税を課され、拒絶され、認可され、推薦され、説諭され、妨害され、手直しされ、矯正され、修正されることである。それは、公益という口実で、また一般的利害の名のもとに、利用され、訓練され、金品を奪われ、搾取され、独占され、横領され、税を搾り取られ、欺かれ、盗まれることであり、また少しでも抵抗したり不平を言おうものなら、抑圧され、改心させられ、誹謗され、迫害され、追跡され、乱暴され、殴打され、武器を取り上げられ、拘束され、投獄され、銃撃され、散弾を浴びせられ、裁かれ、刑を宣告され、流刑にされ、犠牲にされ、売り飛ばされ、裏切られ、おまけに嘲弄され、だまされ、侮辱され、名誉を傷つけられることである。これが統治であり、その正義であり、その道徳なのだ！　だがなんたることか、われわれの中には、政府に良いところもあると主張する民主主義者がいるのだ。自由・平等・友愛の名のもとに、こうした恥辱を支持する社会主義者がいるのだ。そして、自らの共和国大統領候補を立てるプロレタリアがいるのだ！　そんなものは偽善だ！[8]

プルードンは、何よりもまず、集合的無意識に根を下ろして人々の思考と行動を固定化する確信を揺り動かすことを望むため、次のように問いを設定する。「神や〈絶対者〉は、あまりに長く、あまりにむなしく哲学者たちの頭を占拠してきたが、〈政府〉も同じだったのではないか[9]」と。言い換えれば、政府の観念の中に再び見出されるのは、神のうちに見出されるのと同じ観念、つまり秩序の創造者および保証人として姿を現す絶対的で専断的で社会外的な原理の観念ではないか〔という問いである〕」。こうして、どんな政体であれ、あらゆる政府に共通の原理が存在するということになるだろう。それは、政府の権力を正当化する神話（神または人民の主権）、およびそれ自身が生み出した法に違反する能力を有する権威、これらから同時に生じるものである。したがって、神学政治的側面を考慮すると、国家は、「公正・不公正の概念が奇跡に隠れて見えなくなるような免除、例外、特別待遇の体制[10]」をなすことになる。こうして、国家理性は、神的意志の還俗形態を形作るが、それは民主政にも、権力分立においてさえも見出されることだろう。権力分立とは、次のようなものにほかならないのだ。「それ以上でも以下でもなく、政府における二つの本性の区別、すなわち霊的本性と世俗的本性の区別であり、同じことだが立法的本性と執行的本性の区別である。イエス・キリストが、神であると同時に人間であるように。われわれの政治の根底にいつも神学が見出されるとは不思議なことである[11]」。

このとき民主政は、君主政的原理に回帰せざるをえなくなる。それは、諸権力の併合と集中、および社会からの国家の分離に存するものである。したがって、「民主政のすべての誤り、すべての目算違いは、次のことに由来する。人民、あるいはむしろ反乱隊の長たちが、王朝を打破し、追放したのち、君主政の人員を変えたということを理由に、社会を変革したと思ってしまったこと、そして完全に組織された王政を保存したまま、それを神授権ではなく人民主権に結びつけたこと、であり[12]」、結局、ほとんど何も変わっていないのだ。というのも、超越的で絶対的な〈一者〉が保持され、新たな様式の正当化によって、それが再び肯定されているからである。人民は、自分自身だけを頼り、神の直接の取りなしを当てにすることで、権力の基盤はかつてないほど強固になると考えた。だが、人民は王の介入をなくすことで、カトリック教会に逆らったプロテスタント教会と同じ誤りを犯している。プロテスタント教会は、不可視の教会という考えに立脚することで司祭の介入をなくそうと思った。〔けれども、〕〈絶対者〉は否認されるどころか、反対に、諸個人は権力の支配にいっそうさらされることとなった。カルヴァンがジュネーヴでおこなった恐ろしい共和政が、それを証拠立てているように、だ。

今日、神授権は流行らなくなったように見える。言葉を廃止したのだから事物も放棄したのだ、と考えることは粗雑な錯覚である。反対に、権力を再建する際、神の介入を祈願することにかつてないほど注意が払われたのだ。結局のところ、人はただ自らに次のようなことを言ったにすぎない。君主を叙任するために教皇の塗油式は必要ないとか、神の息吹は教会の内陣と同じく公衆の面前にも存在するとか、〔それゆえ、〕市民を結集させるだけでよいとか、各人が至高の存在の前で盛大な供犠の後に投票をおこなうのだから、預言者による降霊のようにして主権者が人民の集まりから出現するのだとか、そういったことである。そうした次第で、権力に神授権が欠けるということは一度としてなかった。権利上も事実上も、常に神授権が、神授権だけが政府を確立するのだ。(13)

しかしながら、プルードンは君主政と民主政が同じものだとまでは言わなかった。彼は、とりわけ一七八九年の革命が創設の瞬間であり、それが人権を宣言することで超越的体系に風穴を開けたということを承認している。その点で、彼は自然権の思想家たちのおかげで進歩が実現したことを認めているが、彼らは一七世紀に、人間の共同体の自律性と神授権に基づく国家のあいだの矛盾の深淵に呑み込まれたのだ。その主体だけを変えて〔王から人民へ〕、主権の原理を更新したのである以上、彼らは根本的には政府の観念を変えはしなかった。普通選挙と代表制の原理、これらは人民に新たな能力を得させるどころか、まさに彼らを監督下に置くことを正当化しようとしたのである。

III　普通選挙と代表制

「普通選挙の価値全体は、［…］現代の演説家たちによって得意気に繰り返されている次の格言に立脚するものであり、それは純然たる神授権である。すなわち、《人民の声は神の声》、である」[14]。普通選挙は、自由主義的近代の社会的原子化[*2]を伴うものであるため、〈一者〉の政治形態の再構成の産物にとどまる。それがもつ神学政治的側面ゆえに、プルードンは、「宗教には宗教を。人民の投票箱は依然、メロヴィング朝の〔即位式に用いられた〕聖油瓶のもとにある」[15]と述べるのだ。たしかに、権力の正当化の方法が、分散した一票一票から構成される大衆の投票という形式のもとに見出されるとしたら、われわれは必然的に欺瞞に直面することになる。

結局、われわれは次のことを理解する。〈共和政〉が王政と同じ原理しかもちえないこと、そして普通選挙を公法の基礎と見なすことは暗黙のうちに君主政の永続を肯定することだということを、である！　われわれは自らの原理によって反駁され、敗北したのだ。なぜなら、ルソーおよび九三年の最も救いがたき演説屋たちに続いて、われわれもまた君主政が人民の自発性から直接に、そしてほとんど必至のこととして生まれるということを認めようとしなかったのだし、「神のご加護による」政府を廃したのち、別の虚構の力を借りて、「人民のご加護による」政府を設立すると主張したのだし、群衆の教育者になる代わりに、その奴隷になってしまったのだから[16]だ。

多元的な社会の実在としてではなく、同質的な大衆として国家に把捉されるとき、人民はもはや知性なき力能でしかなく、それを政府は自らの権力と正当性を増大させるために利用する。実際、人民を無構造の集合的存在として捉えるような着想に従って普通選挙を組織することで、国家は人民が自己意識を獲得することや、彼らが実際にもつ能力についての自己認識を獲得することを妨げるのだ。結果、普通選挙は人民の意志を表現できないということになる。というのも、それは、「一種の原子論であり、立法者は人民にその本質を統一して語らせることができないがゆえに、この原子論を用いて、市民たちに一人一人の意見を表明するよう促すのだから［…］。あたかも、任意の量の票を加算すれば、その結果として一般的な考えが得られるかのように、である」[17]。普通選挙に対するプルードンの懐疑は、一八五〇年の保守派の〔左派勢力を弱体化させるために有権者資格を制限すべく選挙法改正を可決した〕投票、およびルイ＝ナポレオン・ボナパルトによる一八五一年一二月二日のクーデタによって強められた。この一二月二日、妊娠中の妻を手伝いに行くために監獄から外出していたプルードンは、それを利用して首都の様子を調べた。静寂が支配していた。いかなる反乱も見られなかった。彼の『手帖』に記されているように、パリは、悪党たちに暴行され、ついには脅しに身を任せた女性のような印象を与えた。そのとき、彼はクーデタに、近代の民主政に固有の緊張を見てとった。共和主義者たちが人民の意志に優越すべき憲法を拠り所としたのに対し、ボナパルティストたちは憲法に優越すべき投票の正当性を拠り所にしたのである。その著書『一二月二日のクーデタによって明示された社会革命』で、プルードンは、憲法への違反は不法であると捉えた。とはいえ、共和主義政体もまた責任を負っているとして批判するのだ。

人民の声は神の声である、と言われた。こうした考えは、普通選挙が機能するのを目にして以来、絶えずわれわれの元に戻ってくる。けれども今回は、人民が酔っぱらいのように語ったのだということに同意しなければならない。いな、ことわざにあるように、それは飲み助のための神なのだ、と[18]。

彼の普通選挙批判は、けっして共和国大統領選挙に限られるものではない。彼が問題にするのは、代表制の原理そのものである。その本質は、選挙が組織化され、人民から権力を奪い取るために委任が構想される、ということにあるのだ。「民主主義の理論によれば、〈人民〉は無知または無能であり、自らを統治することができない。民主政は、君主政と同じく、原理として〈人民〉の主権を定位したのち、〈人民〉の無能力を宣言するに至るのだ！」[19]。とりわけプルードンは、人民が無知であるという想定のもとに専門家が政治的権威を横領することに反対する。「私は、最も無知な人が自らの身分と職業に関する事実や自らの利害と権利に関わることについてなす判断が、最も教養や学識のある人のそれよりも誤りやすいなどということを一度として見たことはない。違いはもっぱら表現の才や獲得された資格に存するのであって、考えを自覚しているかどうかに存するのではない。それに、考えの自覚は、しばしば学識豊かな人のほうが、本性に従っている人よりも不明瞭なのである」[20]。プルードンは、代議士を経験したという見地から、さらに次のような指摘をする。「人民への恐れは、権威に属する人すべてがもつ悪癖である。権力にとっては、人民は敵なのである」[21]。

原注

(1)『手帖、一八四三年―一八五二年』、ディジョン、レ・プレス・デュ・レエル、二〇〇五年、七八四頁。

(2)彼は事後、選挙に関する自らの態度を次のように説明している。「資本側の党派は、当時の唯一の重大な課題が、労働側の党派、すなわち社会主義を殲滅することにあると発表した。労働側の党派のほうは、選挙戦を受け入れると表明したが、それは彼らの思想を実現するための道具としてではまったくなく、彼らの権利を要求するための手段としてであった」。「山岳派のしきたり」、新聞『人民』、一九一号、一八四九年五月二九日。
(3)「戦争」、新聞『人民』、六九号、一八四九年一月二六日。
(4)同。
(5)「共和国大統領には責任がある」、新聞『人民』、七〇号、一八四九年一月二七日。
(6)同。
(7)一八四九年一一月五日付の新聞『人民の声』掲載の「政府とは何か。神とは何か」と題された論文は、『〔革命家の〕告白』の序文をなすことになる〔ただし、第三版以降の序文である〕。
(8)『一九世紀革命の一般理念』、アントニー社、トップ&H・トリンクィエ版、二〇〇〇年、三〇九頁〔=邦訳、三一六頁〕。
(9)『革命家の告白』、前掲、一七頁〔=邦訳、六六頁〕。
(10)『革命における正義と教会における正義』第一巻、前掲、四三九―四四〇頁。
(11)『革命家の告白』、前掲、一七六頁〔=邦訳、二四七―二四八頁〕。
(12)同、九一頁〔=邦訳、一五一頁〕。
(13)『革命における正義と教会における正義』第一巻、前掲、三六六頁。
(14)『戦争と平和』第一巻、アントニー社、トップ&H・トリンクィエ版、一九九八年、四九頁。
(15)『革命における正義と教会における正義』第一巻、前掲、三六七頁。
(16)『一二月二日のクーデタによって明示された社会革命』、パリ、リヴィエール版、一九三六年、一六九―一七〇頁。

(17)『社会問題の解決』、パリ、ラクロワ版、一八六八年、六二頁。
(18)新聞『人民』三二号、一八四八年一二月一八日。
(19)『社会問題の解決』、前掲、九一頁。
(20)『手帖、一八四三年―一八五二年』、前掲、六三七頁。
(21)『革命家の告白』、前掲、一二四頁〔＝邦訳、一九一頁〕。

訳注

＊1 二月革命の際、赤旗を掲げて戦った労働者たちは、革命後、赤旗を国旗とするよう臨時政府に要求したが、ラマルティーヌはそれを拒否して三色旗を国旗とした。なお、赤旗が共産主義のシンボルとなるのは後のことである。

＊2 直後に内実が述べられているように、個人を社会の唯一の単位（原子）と見なすようにすること、という意味である。

第五章　デモクラシー再考

I　絶対的民主政に抗して

それでは、デモクラシーや行動する人民についてはどのように考えればいいだろうか。この問いに答えるため、プルードンはルソーの社会契約論に多大なる関心を抱いた。特に、その著書がフランス革命に影響を与えたという理由によって、である。だが、たしかに彼はこのジュネーヴの哲学者に相当の知力を認めはしたものの、その理論を激しく批判し、敵対し続けた。彼からすれば、それは絶対主義的デモクラシーを創設するものだったのだ。このようにしてルソーは、恐怖政治、およびジャコバン派の専制政治のイデオローグとしての様相を呈し、論理上、ロベスピエールに結びつけられる。すなわち、「一方が他方を生み出した。JJ〔ルソー〕が無神論者たちに死刑宣告し、R〔ロベスピエール〕がそれを執行した。JJが百科全書派の動きを止めたように、ロベスピエールは革命の運動を中断した。コンドルセ、ヴォルニー、ジロンド派、ダントンはすべてを失ったのだ[1]」。こうして、プルードンの考えでは、フランス革命の失敗は大部分、一七九一年の憲法制定議会議員に対するルソーの有害な影響に帰すべきものである。「言論の自由、法のもとの平等、人民主権、国への権力の服従、これらを宣言することで、革命は社会と政府を二つの相容れないものとし、その相容れなさが自由を侵害する〔権力〕集中の原因となったのだ」[2]。ルソーに反論することで、プルードンは、革命を「正しい道」に戻せるものと考えた。新たな絶対主義的幻想の落とし穴を避けるための道である。彼は、何よりもまずルソーの自然状態の観念を批判する。そこで人間は孤立し、歴史的現実から切り離されているが、それは単なる抽象でしかない。ルソーの社会契約は、原子化された諸個人の結合の結果としての社会に先立つものであり、そのことによって、社会を自然状態に劣る必要悪とする、と。反対に、プルードンの考えでは、社会は独特の諸存在、自らが構築してきた過去・未来と共に歴史に位置を占める諸存在によって構成されるものであり、自然状態は虚構として却下される。プルードンは、「野生状態」よりも「幼年状態」〔という表現〕を選び、そうして、人間の完成可能性と進歩の概念を強調する（ルソーは進歩について何も知らなかったと彼は批判した）。ルソーは社会を契約者たちの意志に由来する人工物でしかないと捉えるため、論理的なこととして、人民を「抽象的人格、それ自身では考えることも働きかけることも動くこともできない精神的な個体性」[3]として捉えることになる。それゆえにこそ、人民は政府を、人民の意志の表現でありながら人民を指揮する政府を必要とするのだ。

さらに、ルソーの社会契約では、諸個人は共同体の利益のために自らの自然権を譲渡させられる。こうした譲渡が、社会に至る必然的移行を形成するのだ。たしかに、市民たちは契約のおかげで、放棄した自由より多くの自由を手に入れると見なされるが、実際は、こうした社会で個人が抑圧されることは明らかである。絶対に仕立て上げられた一般意志が、集合的諸存在の力能を吸収し、自らに逆らうものすべてを破壊するような社会だからである。ルソーは、人民の主権を称揚することで、実際に、法を執行するけれども、その能力をもたないがゆえに法を決定することはないという人民のパラドクスに直面せざるをえなかった。ルソーは代表制、とりわけイギリスに見られたような議会主義を激しく批判したのではあるが、結局それを必要悪として捉えることになる。それはとりわけ、直接立法は、法を制定するために人々が集まれるような小国家においてしか可能ではないという理由による。国家が大きくなればなるほど、政府は強大にならねばならず、したがって自由はますます縮減される。人口が増えれば増えるほど、主権者の権力はますます個人に対して圧力をかける。主権の委任は不可能であるということから出発して、にもかかわらず代表者による政府が必要であるという結論に達するという、このルソーの不可避のパラドクスとは別に、プルードンが批判した最大のものは、ルソーの「一般意志」の概念であり、これは人民の主権という着想ゆえの必然的帰結にあたるものである。ルソーは主権を君主から人民に移転させることによって法を非人格的なものにしたのではあるが、その超越的性格はそのまま保存した。規範は依然として個人に外的でその上位にあり、それは新たな〈絶対者〉、つまり一般意志という〈絶対者〉に由来するものだからだ。ルソーは全体意志（すなわち個別的利害の総和）と一般意志（すなわち共通の利害）をしっかりと区別する。しかるに、共通善はもろもろの個別的意識に与えられるものであるから、それと識別されない特殊的諸利害が存在するというのは矛盾である。したがって、一般意志に同意しない人々は、自らが誤っていたことを認めて、従わなければならない。さもなければ、社会体に抑圧されることになる。少数派にはいかなる権利も認められず、意見の対立を認めることなど考えられない。このようにして、人民の主権の絶対化、一般意志の絶対化は、個人と国家（人民を体現するものと見なされる）のあいだのあらゆる中間項を禁止することに通じる。というのも、いかなる特殊的利害も、ルソー的社会の〈全体化する全体〉からは離れえないからだ。このような理屈によってこそ、フランス革命の際、一七九一年のル・シャプリエ法が制定されて、あらゆる団結が、したがってあらゆる組合が禁止されたが、それはプロレタリアを自由に搾取することへの障害すべてを厄介払いするものだったわけで、ブルジョワジーにとっては大いなる幸運であった。こうして、ルソーにおいても、常に〈一者〉の強迫観念が見出される。ルソーにとっての社会は〈一〉であり、それはもっぱら諸個人から構成される。また、主権は不可分であり、それは国家および普通選挙への集権化をもたらすが、それには困難がつきまとう。たとえば、直接立法に関しては、フランス人民に〔いずれもローヌ川沿いの〕リヨン・アビニョン間の鉄道が必要か否かを問えば、間違いなく人民は必要だと答えるだろうが、同じことを、鉄道輸送より七〇％安い航路がすでに存在することを必ずや知っている利害当事者にのみ問うなら、答えはまったく違うものになるだろう。「八二の県が、残る四県に破産宣告をすることになるが、これが直接民主政の望みである。［…］それは、人民に提示される問いが通常、特殊具体的な問いであるのに対して、普通選挙が出しうるのは一般的な答えのみだからである」(4)。プルードンは、少数派――そして一般に個別者たち――の意見と権利が常に考慮に入れられなければならないと考える。いかなる場合にも、少数派は多数派の軛《くびき》を負ってはならない。だからといって、人民なるものの真の表出は全会一致でなければならない、ということではない。実際、プルードンにとって、全会一致主義の立場（ルイ・ブランがそうであるとして批判している）は、「全会一致を想定することで、論議・競争・契約をなくそうとする共産主義思想」[5]の帰結である。もろもろの観点の対決は、集合的理性の構成に不可欠なのだ。それゆえ、少数派と多数派が現れることは正常であり、有益ですらある。敵対の法則の力によって、両者の対立が、作り出される規範の完成可能性を実現させていくからである。したがって、プルードンは、利害の一致が存在するような場の至る所で、観点の対決によって人民の「綜合的考え」が現れることを可能にするために、普通選挙を「組織する」ことを目標として定める。その人民とは、「理論上の存在としてではなく、上位の実存、生きた実存として捉えられた」人民である。[6]

Ⅱ　人民に語らせること

人民についての統一的イデオロギー体系は、人民の体現と見なされる政治機構をいっそう正当化できるようにと、その対象である人民に神聖な側面を与えてしまうため、ますます人民の実在性を把握できなくなる。「〈人民〉の主権を肯定するデモクラシーは、聖体器の前にひざまずく神学のようである。両者とも、それが崇拝するキリストを立証することはできないし、ましてやそれを現出させることはできないのだ[7]」。人民は一つの人格ではないので、人民の意志の表出を把握することは困難だし、人民の言葉の表出を把握することは、なおさら困難である。プルードンが主張するように、「〈人民〉、集合的存在、私はそれをほとんど理論上の存在と言いそうになったが、それは物質的な意味での言葉をいささかも発しない。〈人民〉は神と同じく、見るための眼、聞くための耳、話すための口をもたないのだ[8]」。したがって、特定の階級の諸個人が、支配者と被支配者の断絶を創設しつつ、人民の意志を表現すると見なされる《言葉》を独占しようとする。そのとき、政治共同体は、《公共的言語活動の独占権を保持する人々と、騒音を発する人々に分裂する。普通選挙の手続きは、たしかに直接表現の試みだったが、原子化された未分化の大衆の像を承認させることにしかならず、それはあらゆる少数独裁制にも見出されるものなのだ。したがって、「普通選挙によって、〈人民〉はおそらく語ったのではあるが、その言葉は個々の経路で迷子になり、誰にも納得されなかった[9]」。

それでは、プルードンにとっての人民とは何だということになるか。「群衆」と呼びうる未分化の大衆だろうか。何よりもまず留意すべきは、プルードンによれば、群衆は「上層」の「悪党」にも「下層」の「悪党」にもなりうるということだ。習俗の退廃状態は、選良と人民のあいだに広がった鏡のようなものであり、両者の責任を背中合わせに映し出すからだ。「群衆ということで、富裕で教養と学識のある階級のことを理解するよう気をつけなければならないが、その群衆は、構成員である諸個人が多くの利害に気をとられるほど、それだけ浅ましいものとなる。心の臆病さと感情の下劣さに、忘恩、偽証、愚かさを加えなければならない[10]」。プルードンは、こうした堕落した選良に人民を結びつける。「群衆」という同じ名のもとに、である。

それ自身に任された、あるいは護民官に導かれた〔古代ローマの〕群衆は、何一つ創設しなかった。それは後ろ向きの顔をもつもので、そこではいかなる伝統も、首尾一貫した精神も形成されず、法の力を得るような観念も一切形成されなかった。群衆は、政治を単なる陰謀としてしか捉えず、統治については濫費と力、正義については復讐、自由については偶像を建てて翌日には壊すような能力としてしか捉えなかった。民主政の出現は、国民と国家を死に至らせる後退の時代を開始するものだった。国民と国家が、逆方向の革命によって自らを脅かす宿命を避けるのでなければ、だ。そうした革命は、今こそ評価すべきものである[11]。

したがって、プルードンが人民について語るとき、「その語によって、統一性なき数多性でしかない群衆のことを[12]」言おうとしているのではない。人民についてのそうした〔群衆ではないものとしての〕捉え方によって、プルードンは、大衆の「自発性《スポンタネイテ》」を批判することになる。「現在に至るまで、もろもろの人民は王、聖職者、所有者、監獄、病院を作ることにしか自発性を示してこなかった[13]」。ここにこそ、「ポピュリズム」という意味で理解された場合のデモクラシーの悲劇のすべてがある。人民が大衆としてのみ理解されるとき、大衆は、しばらくの間、自らの意見を、社会革命の前衛を自任する指導者の意見と同一視できると想定するかもしれない。そこでプルードンは、「カエサル的デモクラシー」を次のようなものとして語る。それは、「たしかに権力の諸条件について無知で、それを行使することもできないが、自らの勝利を確信するために、その権威を前にしてあらゆる階級的特権が消滅するような絶対的指導者を自らに与える。〔これが、カエサル的デモクラシーである。〕他方、ブルジョワジーは、アナーキーと同じく専制主義もひどく恐れ、立憲王政を設立することによって自らの立場を強化することを選ぶ。それゆえ、結局のところ、自由と法的秩序を最も必要とする党派こそが絶対主義を創設し、特権を有する党派こそが、政治的権利の制限を課しながらも自由主義的政府を設立する、ということになる[14]」。しかしながら、カエサル的デモクラシーは行動する人民の宿命ということではない。

III　憲法についての考察

憲法なるものは、政府の自由裁量を制限しうるか。これが、一八四八年から一八五〇年に彼が書いたものの大部分を貫く問いであるが、はっきりとした答えは見出されない。『人民』掲載の激烈な新聞論文[15]で、プルードンは大統領と憲法を非難するが、彼によれば憲法は大統領の権力を制限するのに役立たず、立法権力と執行権力の分立は、魂と身体の分離に存する存在論的原理に基づいて、権威の混乱と衝突を増やすということにしかならない。この議論は、皮肉をまじえた命令形表現で締めくくられるが、彼はそれでよしとするのだ。「私が人民を侮蔑、ましてや暴動に駆り立てているなどとけっして思わないように。人民が今日、自らの憲法と呼んでいる、あんな紙くずのために！」[16]。代議士になったプルードンは、この新聞論文について説明するよう強く求められたとき、次のような論法を提示した。常に憲法を擁護してきたが、議会の特権を守るために執行権、すなわち大統領に立ち向かったのだ、と。それゆえプルードンは、ボナパルト派が自らの党派色を反映した議会に変わることを期待して、議会の解散を望む旨を表明したとき、それに激しく抗議した。憲法に従えば、大統領は議会に従属しており、両者の権力が同等になるなどまったくもって論外であり、ましてや専断を君臨させるために大統領が憲法の上に立つなどということはありえない、と。彼によれば、君主政体と共和政体の違いはもっぱらそこにある。君主政体の場合、すべては王の身体を中心にして回り〔議会、三部会、貴族院と衆議院、等々〕、すべてはその下位にある。その意味で、憲法は執行権力を有する君主という人物に全面的に立脚している。反対に、共和政体の場合、もはや立法権こそが執行権の優位に立つ。また、プルードンは〔統治的〕行為の永続性〔の根拠〕を執行権力から立法権力にさかのぼらせることで、政府はいわば精神を与えられるのだと主張する。「支配するのは、もはや身体ではなく知性である」[17]。けれども、議会の権力は絶対的ではありえず、多数派の力によって憲法を侵害することはできない。実際、憲法の重要性が最も際立つのは、多数派の権力から少数派の権利を保護しなければならないときである。憲法の尊重、それは、人民の全会一致や一般意志が実現不能の夢にとどまるがゆえに、内戦を避けるための不可欠の条件であり続けるのだ。憲法を侵害すること、それは多数派の暴政の支配を神聖化することなのである。

多数派の絶対権力！――それは市民の大量虐殺である。この体制によって、人は遠く、とても遠くまで進むのだ！　この体制によって、人は市民の投獄から始め、休みなきギロチンでもって締めくくるのだ。(18)

しかしながら、プルードンは憲法を物神化することはない。彼の憲法擁護は、その政治理論よりも政治状況にこそ強く結びついたものである。彼の政治理論は、市民の道徳と同様に、政治的・経済的諸力の連邦的組織化をこそ当てにするものである。それゆえ、プルードンはこう付け加える。「共和政は、絶対的自由とは別物であり、［…］反対に、それは限定された自由なのである」と。(19)したがって、憲法はそれ自身で政治的問題を解決することはない。政治的問題は、ラディカルな非集権化と普通選挙の組織化[*1]の力を借りることで、やっと解決の端緒を見出すのだ。その普通選挙は、これまでのところ、それを道理にかなった仕方で用いることのできない人民の主権を神聖化しただけだったのだが。

Ⅳ　集合的理性と多元主義

人民が発言するには、確かな能力をそなえていなければならない。しかるに、その能力がないとしたら、それが奪い取られたからである。そのとき、プルードンの人民についての着想の二つの側面が浮き彫りになる。一つは政治的側面。人民は、政治的諸権利をそなえた市民たちから構成されている。当時を踏まえて言い換えれば、二一歳以上の男性たちから構成されている。もう一つは経済的側面。人民は、労働者階級から構成されている。政治的側面から見た人民は、政治的権力の独占権を保持する選良によって支配されており、経済的側面から見た人民は、生産手段の独占権を保持する階級によって搾取されている。社会学的には、彼は中産階級がプロレタリアと共に人民の一部をなすことを認めている。中産階級もまた、社会革命の生起を目撃することにこそ利益がある。こうして、人民は政治的・経済的権力をもたない人々の大部分を占める。

人民が政治的能力をそなえるには、権力の公正な分配とは何かについての考えが一致する必要があり、それはまず、自由主義的な権力分立と想定されているものを問い直すことを意味する。実際、「国民のあるがままの諸力の集権化」に基づく政府は、「その中心が単一であれば絶対的になり、中心が二重であれば立憲的ないし自由主義的になる。権力分立にはそれ以外の意味はない[20]」のだ。こうして、政府は分立した形であれそうでなかれ、常に権力を独占し、それを増殖させるので、国家は社会の複雑化に応じて、必然的に専門化の度合いを高めるに至る（とりわけ、省庁によって）。問題はいつも公権力の独占である。「いま権力分立と言われているものは、あらゆる権力の併合でしかなく、集権化と言われているものは吸収でしかない」[21]。したがって、「せいぜい始まったばかりの分立を可能なかぎり遠くまで押し進めて、個別に各機能を集権化すること、その類と種に従って完全な形で普通選挙を組織化して、今の人民には欠けている気力と活動力を取り戻させること」[22]、これらが必要である。もろもろの職能の集権化と分立によって、政治的・社会的諸力は現実を制御して自らの能力の数を増やすという能力を取り戻すことができる。というのも、「ある職能の力能の最大値は、その職能の最も高度な分割と集中に対応しており、最小値は最も低度の分割と集中に対応している」[23]からだ。したがって、個人は集合性によって押し潰されるのではない。反対に、個人は複数の集団に所属するがゆえに、自らの自由と人格性を発展させるのだ。ここにプルードンにとって大事な自由の理論が再び見出される。プルードンは単純な自由と複合的な自由を区別するのだ。

自由には二種類のものがある。単純な自由、それは未開人の自由であり、「自分の場所で自分のために」という規範しか認めない文明人の自由である。複合的な自由は、それが存在するために二つ以上の自由の協力があることを前提とする場合のものである。未開人的視点においては、自由は孤立と同義語である。その行動が他人の行動によって最も制限されないとき最も自由なのであるから、全地球上にたった一人の個人しか存在しないということが、考えうる最高度の自由だ、ということになるだろう。社会的視点においては、自由は連帯と同義語である。各人の自由は、他人の自由の中に探し当てられるものであり、一七九三年（ママ〔正しくは一七九一年〕）の人権宣言にあるように、他人の自由はもはや制限ではなく補助なのであるから、最も自由な人間とは、同胞と最も多くの関係をもつ人である。(24)

このような見地においてこそ、プルードンは政治および社会の多元的側面を強調するが、だからといって統一性が必要であることも否定しない。その統一性を、〈一者〉および集権化と混同してはならないが。こうして、社会の各成員は、「いわば二つの精神、二つの言語を」もつ。「利害、思弁、固有の正義の精神と、一般的利害、綜合的哲学、普遍的正義の精神……。個別的考えを表すための言語と、一般的考えを表すための言語である」(25)。したがって、プルードンにとっては、決定の正当性は必然的に討議の過程に由来する。関係するすべての個人や集合体が、発布すべき規範や選ぶべき決定をめぐって互いに対決できるような討議である。プルードンが「集合的理性」と呼ぶものに結びつけられるこうした過程は、間主観性を想定するもので、それは視点の数が増えれば増えるほど客観性に近づいていくものである。こうして、集合的理性は、「どんな説明によっても打破できない精神科学的観察による事実に」立脚する。「すなわち、二人以上の人が、自然界についてであれ、いわんや人間存在についてであれ、ある問いに対して相対立する形で意見を述べるように促されるとき、両者が互いに主観性、つまり自我が肯定し表現する絶対的なものを除去するよう至らされることから、ある共通の見方が生じるという事実である。それは、内容上も形式上も、論議がなかった場合に両者の個別的考え方がそうであったようなものとまったく似ていない。こうした見方には、形而上学的で絶対主義的な要素の混入なき純粋な諸関係のみが含まれており、これが集合的理性ないし公的理性を構成するのである[26]」。したがって、多元主義に基づき、投票が集団や職能に応じておこなわれてこそ、選挙は神授権から切断され、再び内在的なものとなる。集合的存在は、それ自身で明確に定まった問題に関する法案を可決し、命令的委任のみを認めることで、自律的で実在的な秩序を作り上げる存在になる。このとき、選挙の組織化は、直ちに、絶対的なものとして捉えられた人民主権《スヴランテ》の消滅という帰結を導き出す。正義だけが至高《スヴラン》なのだ。「集合的存在の力能がいかに強大であれ、それは市民の目から見た主権を構成することはない……。すでに述べたように、〈正義〉だけが命令し、統治するのであり、権力を作り出す〈正義〉は、諸力の釣り合いをなすことによって、万人への義務となるのだ。したがって、権力と個人のあいだには法＝権利しかなく、主権なるものはすべて矛盾である。それは、〈正義〉の否認であり、宗教に属するものなのである[27]」。

原注

（1）「手帖IX」、一八五一年七月二六日、『手帖、一八四三年―一八五二年』所収、前掲、一四五七頁。

（2）『一九世紀革命の一般理念』、前掲、九二頁〔＝邦訳、七六頁〕。

（3）同、一三八頁〔＝邦訳、一二八頁〕。

(4)同、一七〇頁〔＝邦訳、一六一―一六三頁〕。

(5)ソフィー・シャンボが『プルードンと規範』、レンヌ、PUR、二〇〇四年、一〇三頁で引用している草稿「人民自身による統治について」より。

(6)『一九世紀革命の一般理念』、前掲、一六六頁〔＝邦訳、一五七頁〕。

(7)『社会問題の解決』、前掲、九二―九三頁。同様に、人民がそれ自身の外に由来するあらゆる把握を避けるからには、人民を社会学的に把握することも不可能である。「人民の神学的肯定はすべて、実証的、実践的、現実主義的なものだった。哲学者だけが形而上学的な神を知っていた。人民は自らについて神人同形論的に語る。分析されそうになるや、それは姿を消し、蒸発するのだ」(『手帖、一八四三年―一八五二年』、前掲、一二八七頁)。

(8)『社会問題の解決』、前掲、五四―五五頁。

(9)同、六二頁。

(10)MS.2866, f.35 の裏ページ。E・キャスルトンが『アナーキーの哲学』、リヨン、ACL、二〇一二年、一二五頁で引用している未公刊の文書より。

(11)『連邦の原理』、アントニー社、トップ&H・トリンクィエ版、一九九七年、七四―七五頁〔＝邦訳、三五八頁〕。

(12)『社会問題の解決』、前掲、九頁。

(13)『手帖、一八四三年―一八五二年』、前掲、一六一頁。

(14)『連邦の原理』、前掲、七〇―七一頁〔＝邦訳、三五五頁〕。

(15)「大統領職」、新聞『人民』、三号、日付なし、一八五頁。

(16)同、一二〇三頁。

(17)「正誤表」、新聞『人民』、九一号、一八四九年二月一七日。

(18)「共和制の法」、新聞『人民』、一二七号、一八四九年三月二六日。
(19)「四月二八日の選挙」、新聞『人民の声』、一九四号、一八五〇年四月一四日。
(20)『革命家の告白』、前掲、一七六―一七七頁〔=邦訳、二四八―二四九頁〕。
(21)同、一九三頁〔=邦訳、二六八頁〕。
(22)同、一八六頁〔=邦訳、二六〇頁〕。
(23)同、一八七頁〔=邦訳、二六〇頁〕。
(24)同、二〇三頁〔=邦訳、二七九―二八〇頁〕。
(25)ソフィー・シャンボが『プルードンと規範』、前掲、二四八頁で引用している〔草稿〕「政治経済学講義」より。
(26)『革命における正義と教会における正義』第二巻、前掲、三八七頁―三八八頁。
(27)同、二七一頁。

訳注

＊1直後に書かれるように、もちろんこれは、通常の意味でのものではない。内実については、次のⅣ節の後半で述べられる。

第六章　歴史の揺れ動き

I　人類の正義への熱望

一八四八年の革命は、プルードンが歴史の運動について考える契機となった。事実、この出来事は、人類の歩みに関して彼が直観的に見破るものを具現化させる事態だった。つまり、この革命は正義に向かう運動に位置づけられるが、その運動はむなしく終わった希望、さらには悲劇によって妨げられるにとどまったということだ。プルードンは、しばしば一八世紀の啓蒙からマルクスに至る系譜に位置する進歩の思想家として紹介される。オーギュスト・コント、フーリエ、ヘーゲルといった、歴史のうちに異なる諸段階の不可避の展開を見る著者たちの一人として、である。こうした解釈は、たしかにプルードンが人類のある種の進展を描写するというかぎりにおいて、一見、正当なものに見えるかもしれない。それは次のようなものだ。まず、多神教が最初の人類を文明化したが、奴隷制、神々のあいだの不平等、未開の世界と〈都市〉の世界の分離によって人類を堕落させる結果となり、そのとき福音の革命が起こった。その革命は、神のもとでの人間の平等と神の単一性を宣言し、偶像崇拝と奴隷制を同時に廃した。だが、キリスト教は信仰に基づいて確立されたため、身体についてはある程度まで解放したものの、精神は依然として隷属的なままだった　それゆえ、第二の急変が生じた。一六世紀に始まり、〈哲学〉の名で呼ばれる急変である。こうして、ガリレオ、〔イタリアの宗教改革者、ただし一二世紀の人物〕アルノルド・ダ・ブレシア、デカルトのような人々、さらにはルターが、思想の自由、およびその論理必然的帰結としての理性のもとでの万人の平等を宣言することで、キリストの仕事を引き継いだ。しかしながら、この自由はまだ個別的なものにとどまっていたため、社会においても、自由に実在性を与える必要があった。それゆえ、一八世紀に起こった第三の革命は政治的なものだった。社会契約論のことであり、それは人民主権と万人の法のもとの平等を神聖化した。だが、そこでの自由は政治的事象にのみ密接な結びつきをもつものだったので、自由は、実在的というよりも形式上のものだった。それゆえ、宗教的、哲学的、政治的だった革命について、革命は経済的なものとなり、富と労働に関する万人の平等を実現しようとした。〔ところで〕正義はあらゆる文明、あらゆる時代の根底にあり続け、絶えずそれ自身を深化させてきた。それゆえプルードンは次のように述べる。「人類は、その揺れ動く歩みにおいて絶えず自転している。すなわち、その進歩とは伝統の再生にほかならず、その諸体系は見かけのうえで対立的だとしても、常に別の側面から見た同じ根本を提示している。文明の運動において、真理は常に同一のままであり、それは常に古く、常に新しい。宗教・哲学・科学は互いに翻訳されるものでしかないのだ」[1]。このようにして、継起するもろもろの革命は互いに相容れないものではなく、いずれもが正義の発見に参与する。それゆえ、正義は、避けがたく進歩の観念と結びついている。というのも、時間の流れの中で正義を実現する革命は、永続的運動、絶えざる覆いの取り外し、歴史の実現だからである。しかしながら、進歩を不可避の浄福に至る継続的歩みとして捉えてしまうことは誤りだろう。実際、人間は進歩しうるのとまったく同様に、不道徳になり、正義から逸脱するときには、退行しうる存在なのである。したがって、先行の革命を否定することではなく、それを凌駕することが重要であり、それゆえにプルードンは、進歩主義的歴史観に基づく哲学のいくつかに見られる《白紙《タブラ・ラサ》》の概念を拒絶するのだ。「革命とは必然的に進歩であり、同じく保守でもある。そのことから、革命は常に歴史の中にあり、正確に言えばさまざまな革命があったのではなく、唯一の同じ永続的革命があるのだということになる[2]」。こうした保守と革命のあいだの緊張関係に基づいてこそ、進歩と退廃の弁証法は説明されうるのだ。

II　退廃について

プルードンは、革命が何よりもまず、不公平を固定化する秩序を問い直す運動を前提とする、という事実を強調したのではあるが、進歩というものがそれに還元されえないという考えに変わりはなかった。「進歩は運動以上のものであり、ある事物が動いていることが証明されたとしても、それが進歩しているという証明にはまったくならない[3]」。言い換えれば、力学だけでは、とられた方向の妥当性を確かめることはできない。運動する自由は、正義という基準を物差しにしてしか判定されえないのだ。加えて言えば、初期のプルードンが、歴史の普遍的法則を発見しようとして同時代の科学主義の誘惑に乗ったように見えるということがありえたとしても、彼は素早くそこから離れたのである。そうした野心は、ユートピアと同じ理由で危険なものになりえたが、そのユートピアについて、彼は非常に早い段階で厳しい批判の対象としたのだ。「〈摂理〉の法則、あるいは今日風に言えば、進歩の法則を提示することは、ボシュエやヴィーコらが試みたような、歴史的主題の全体に適用可能な定式を見つけ出すことではない。そうした観点に立つなら、歴史とは不可能事であり、空想である」(4)。人類に進むべき不可避の道を示す歴史の力学法則を確定することが不可能だとしても、歴史の揺れ動きを良いことと評定したり悪いことと評定したりすることは依然として考えられる。したがって、進歩についての真の理論は、逆説的にではなく論理的に、退廃とは何かを十分に理解していることを前提にしてのみ構想されうる。人間たちが正義を顧みないように仕向ける過程とは何だろうか。

〈正義〉への信頼が揺るがされ、それを支え、それによって都市と家族を守っていた理想が破壊されると、別の理想が取って代わる。というのは、すでに述べたように、人間は理想主義者だからである。知性が残っているかぎりは、人間は理想によって導かれるのだ。官能の誘惑は人間にとって、思われているよりもずっと小さな影響力しかもたない。それは小事でしかなく、官能の欲求だけが罪の直接的原因だとしたら、罪はほとんど物の数に入らないだろう。人間の行動の動因役を務めるのは、今後も常に理想である。ただし、それは〈正義〉を表現するのではなく、利害に依存するのであるが[5]。

社会秩序の崩壊に、習俗の退廃と公的信仰の消滅が続くが、それらは社会制度に害悪をもたらす。

そのとき法の数が増えても無益である。良心の堕落のほうがさらなる繁殖力をもつからだ。立法者の命令のそれぞれは、堕落した良心に対して、法を免れる新たな手段をもたらすのである[…]。よろしい、独裁者は統治を我がものとして占領し、アウグストゥスのように習俗を刷新しようと企てるがよい。独裁者は社会全体の退廃を浮き彫りにすることにしか役立たず、それ自身もすぐさま退廃の波に呑み込まれておしまいだ、ということになろう。いかなる権力も、人民全体がなす退廃への共謀に反抗することはできないのだ。平和な外観のもとに、社会は戦争状態にあり、それは自らの砲火によって燃え尽きるのである[6]。

そのとき、こうした退廃は、特定の秩序の終わりのサインとなる。秩序は、ある程度の期間、混沌状態において延命しうるが、それは社会が再びその諸力を秩序立てるまでのことである。社会は、自らが抱く更新された正義のイメージに適合する形で諸力を配置することによって、それをなすのだ。

Ⅲ　進歩について

だがそれでは、プルードンにおける進歩の観念をおさえることはどのようにして可能だろうか。それが、しばしば彼の考えだと見なされるような線形的な進歩のことではないということが分かった今、である。「〈進歩〉とは、何よりもまず精神的領域の現象であり、結果として人類の自由と〈正義〉を無際限に増殖させるものである。それゆえに、人類はますます自らの力能・能力・手段を発展させるのであり、したがってまた、人類にとって宿命的であるものの上へと自らを高めさせるのである(7)」。それゆえ、人類にとっての進歩とは、何よりもまず、自らの自由に従って良くまたは悪く振舞うことで宿命論を厄介払いすることに存する。こうした行動によって、人類は保存されるべきものについての選択をおこない、修正されるべきものについての変更をおこなっているのだ。そのことから、保守と革命のあいだの緊張関係と相互補完性が同時に生じる。プルードンの考えでは、はじめ人間は変化を嫌う。新しい法は疑わしく見え、慣習のうちにとどまることが選ばれる。「あらゆる法律は永遠性を装う。一時的なものという印象を与えるなら、それは受け入れられないだろう(8)」。諸個人は、法と社会制度が自分たちの一体性を証す象徴として与えられるかぎりでそれを承諾し、同様に、共に生きることを可能にする諸規則をも承諾するのである。けれども、自明に見えていたことがもはや集合的良心に適合しなくなる時が来る。そのとき革命が起こるのだ。「奇妙なことた。いつも自らの所産を修繕したり解体したりする準備ができていると思われている自由、それゆえに政府が警戒しているその自由が、本質的に保守的であり、良心こそが革命的であるとは。自由は、かつて自らが理想化したものを神聖化して、極度の苦痛を伴う形でしか、そこから離れることに同意しないのだ[9]」。たしかに、正義は人類において徐々に明らかになるが、まず、それは不可避の目的となることはないし、次に、人類の側による拒絶や忘却の対象になりもする。そして、もろもろの革命は第一原因ではない。消極的アナーキー（混沌としたアナーキー）から積極的アナーキー（秩序立ったアナーキー）への漸進的移行は、必然的に歴史のうちに位置づけをもつが、その歴史とは、良いものであれ悪いものであれ、われわれに遺産を残すものである。重要なのは、遺産をより公正なものにしつつ伝え渡すことなのである。「われわれの祖先は、われわれに〈社会〉のある特殊な形態を伝え渡したが、われわれは後世の人々に社会の別の形態を伝え渡す。われわれの科学は、それが科学であるならば、いま述べたことによって限定される。われわれの自由の行使もそのことに帰着する。したがって、世界の運命に影響を及ぼそうと望むなら、われわれが働きかけるべき相手はわれわれ自身であり、未来を子孫のためにとっておきつつ、祖先が作った過去を利用すべきなのである[10]」。それゆえ、遺産をよりよいものにするために、正義に最も妥当する諸手段を構想すること、これにすべてはかかっているのである。

原注

(1)『経済的諸矛盾の体系』第三巻、アントニー社、フレンヌ・アントニー・グループ版、一九八三年、一六三頁〔=邦訳『貧困の哲学』(下)、六一九―六二〇頁〕。

(2)『革命的思想』、アントニー社、トップ&H・トリンクィエ版、一九九六年、二二三頁〔なお、同書は一八四八年の新聞論文群を編集したものであり、プルードン自身による著書ではない。引用の初出は、「革命に乾杯」、新聞『人民』、一八四八年一〇月一七日、である〕。

(3)『革命における正義と教会における正義』第三巻、前掲、二四四頁。

(4)『人類における秩序の創造』第二巻、アントニー社、トップ&H・トリンクィエ版、二〇〇〇年、九四頁。

(5)『革命における正義と教会における正義』第三巻、前掲、二九〇頁。

(6)同、二九二―二九三頁。

(7)同、二七一頁。

(8)同、二八七頁。

(9)同、二八七―二八八頁。

(10)『革命家の告白』、前掲、二八頁〔=邦訳、七七頁〕。

第七章　相互主義

I　平和的革命のために

では、プルードンが望むような社会革命をどのようにして生じさせるのか。この点については、彼がカール・マルクスとのあいだに交わした数少ないやりとりを見るのが有益である。すでに一八四四年に、二人はパリで短い期間会談することができたのだったが、一八四六年五月、カール・マルクスはプルードン宛の唯一の手紙を書き、彼が進める社会主義運動のフランスにおける通信員になるよう求めた。それに対する一八四六年五月一七日の返信においてこそ、プルードンは自らの革命計画を提示するのだが、それは彼の考えでは、「経済的結合によって社会が富を取り戻すこと」に存するものである。「別の経済的結合によって社会の外に出てしまった富を、です」[1]。すでにプルードンの頭には、〔一八四八年の革命後に実現へと奔走することになる〕人民銀行の計画があった。それは無償の相互信用によって真の経済的デモクラシーを実現しうるもので、資本をもたない労働者たちに資本を保有する可能性を与えることによって、所有者からの解放が目指される。一連の多くの論文群が、この銀行の設立のために書かれた。とりわけ、新聞『人民の代表』の四〇号や、新聞『人民』の二号である。人民銀行は、三つの主要原則に立脚する。金利を徐々に低減していくことによる無償信用、正貨の廃止〔現金による返済という条件から解放された交換券による〕、商品やサービスに対する一覧払いの為替手形の普及、これら三つである。だが、この信用による社会主義は、革命の約束を果たすには程遠かった。直接的に生産・消費の組織化の問題に取り組んだわけではないからだ。人民銀行は一八四九年一月終わりに日の目を見たが、それが決定的な仕方で設立されるには、一万株の出資がなされる必要があった。しかるに、立ち上げの二ヶ月後においても、三六〇〇株しか集められなかった。プルードンが大いに執着したこの計画は、明らかに失敗した。彼はこの失敗を政治状況と信頼に足らなかった同僚たちを理由にして説明することになるが、銀行清算の本当のきっかけとして特筆すべきは、新聞『人民』掲載の二つの反大統領論文〔本書五五頁参照〕を発表した結果、三年間の禁錮刑を宣告されたことだろう。そうした次第で、彼は一八四九年四月一二日、新聞『人民』の記事で、銀行が清算中であることを発表する。しかしながら、プルードンの経済理論〔の射程〕は、こうした交換銀行[*1]〔の試み〕にとどまるようなものではまったくない。それは、せいぜい彼が望んだ革命を実現する一手段でしかないのだ。〔だが、〕それは少なくとも、ラディカルであると同時に平和的な社会変化を可能にするという格別の利点をもちえた。こうした試みは、プルードンがあらゆる実力発動行為、革命の口実のもとに、実際には新たな形態で専制政治を継続させるにすぎない行為を警戒するがゆえのものである。一八四六年五月一七日のカール・マルクスへの手紙でも、やはり次のような形で、権威主義的社会主義の理論家を警戒していたのだ。

すべてのア・プリオリな独断論を解体したのち、今度はわれわれが人民を教化しようなどとは考えないようにしましょう。あなたの同国人であるマルティン・ルターが陥ったような矛盾に陥らないようにしましょう。彼はカトリック神学を打倒したのち、直ちに大量の追放や破門制裁を手段にしてプロテスタント神学を確立することに取りかかったのでした。［…］われわれが運動の先頭にいるからといって、新たな不寛容の主導者にならないようにしましょう。新たな宗教の伝道者のような態度をとらないようにしましょう。この宗教とは、論理の宗教、理性の宗教のことです。すべての異議を受け入れ、奨励しましょう。すべての排除と神秘主義を糾弾しましょう。ある問いについて、それが汲み尽くされたとはけっして思わないようにしましょう。そして、われわれが論証の限りを尽くしたときには、必要とあれば弁舌さわやかに、そして皮肉をまじえて、もう一度やり直しましょう(2)。

これは、彼の革命構想が、革命とは結局のところ「衝撃」である、とは捉えない哲学のうちに位置をもつがゆえのものである。「衝撃」とは、暴力的運動や《無からの》開始のことである。革命は、社会の習俗の根本的変化にこそかかっているのであり、それは党派の執行部や前衛の戦略といったものを凌駕する。目立たぬ妊娠が、多かれ少なかれ激しい痛みを伴う出産を引き起こすように、である。「統治機構の下で、政治制度の陰で、政治家や聖職者の眼差しから遠いところで、社会はゆっくりと静かに独自の組織を生み出してきた。社会は新しい秩序、すなわち自らの活力と自律性の表現であり、古い政治と古い宗教の否定であるような秩序を手に入れてきたのだ」[3]。革命は誰の所有物でもなく、個人の属性や境遇に関わる偶然性をはるかに凌駕する。それゆえにこそプルードンは革命について次のように述べるのだ。

〔革命は、〕いかなる思弁的原理の展開でもなく、いかなる団体や階級の利害の聖別でもない。革命とは、宗教、哲学、政治、社会経済、等々における先立つすべての運動の必然的紆合である。革命は、それが結びつける諸要素がそうであるように、それ自体によって存在するのであって、実のところ、その上や下に由来するものではない。それが何から生じるかと言えば、諸原理の衰弱、思想の対立、利害の衝突、政治の諸矛盾、もろもろの偏見同士の敵対からであり、要するには、道徳的・知的混沌の観念を人に抱かせる力を最も多くもっているように見えるものすべてから、革命は生じるのだ[4]。

それゆえ、成功する革命の勝利者たる主体になりうるのは、特定の階級や諸個人の集団ではなく、その革命的行動によって自らの条件を超えるような諸個人や諸集団である。このような見地に立ってこそ、プルードンは、現になされているブルジョワジーとプロレタリアの区分は偶然的なものだと断言することができた。すなわち、現実および革命は階級闘争の弁証法の枠に収まらないものである、と。階級闘争とは、それぞれの階級のアイデンティティを守りながら、一方の階級による他方の階級の支配を目的とするようなものであるのだから。

二つの階級、すなわち労働者とブルジョワジーの現になされている区分は、たしかに完全に確立したものだが、それは革命期の単なる偶発事であり、両者は互いに吸収し合って上位の意識に至るべきものである。そして、多数派を占める平民が権力を握り、新たな権利への熱望と科学の定式に従って経済的・社会的改革を主張するとき、そのときこそが決定的融合のときである。こうした新しい与件に基づいてこそ、それまで長きにわたって敵対だけを糧に生きてきた人々が、自らの独立性を明確にし、強調し、そして政治的生活を形作るに違いないのだ[5]。

II　平等と自律性

プルードンのプログラムはここで理解される。すなわち、労働者アソシエーションは、「使用者と賃金労働者、これら二つの階級〔の分離〕という、民主的で自由な社会に矛盾する事態」に終止符を打つための必須要件である[6]。そこに至るためには、何よりもまず、不可避であるかのような様相を呈する不平等主義的秩序に対する唯一の対応策として慈善を打ち出すような考え方を拒絶すべきである。慈善や献身は、個人の美点になりうるとしても、社会の法に仕立て上げられることはありえない。国家を通じてなされるものを含めて、である。

献身は正義にまさるが、法として強制されることはありえない。なぜなら、その本性からして見返りなきものだからだ。たしかに、献身の必要性が万人に認められることは望ましいだろう［…］。実際、「私は身を献じたくない」と言ってくる人に、どう返答するのか。強いるべきなのか。献身が強制されるなら、それは抑圧、隷属、人間による人間の搾取である。そうして無産者は所有に献身するのである[7]。

イエスその人も、慈善が福音の最後の言葉ではないと明言した。「助け主」、すなわち法の人が近く到来することを告げながら[*2]。ということは、人々が自らの尊厳と自由を同時に守ることができるのは、施しによってではなく、正義によってだ、ということになる。というのも、まず正義からこそ慈善が生じるからだ。「社会秩序において、〈相互性〉が社会的現実の原理であり、正義の定式である。その基盤は、思想、意見、情念、能力、気質、利害の永遠的敵対にあるが、それは愛の条件そのものでもある[8]」。しかるに、こうした「相互性《ミュチュアリテ》、相互性《レシプロシテ》[*3]、交換、〈正義〉といった」観念、「権威、共同性、慈善といった観念に代置される」観念によって、「政治と経済において、ついに関係の体系が構築されるに至るのであり、それは社会秩序をすっかり変えることをこそ、まさに目的とする体系なのである」[9]。相互主義とは、相互性の原理を実現するものであり、その原理とは、あらゆる従属関係と外部からの干渉を排した平等主義的関係を表すものである。相互主義は、諸力の発展と交換の拡大を可能にするが、それらは集合的存在の力能の増大に必要なものである。生産物の等価交換が交換の数の増大に応じて富を増大させるのと同じように、友情の等価交換は友情を増大させる。自由を支持する者からすれば、「社会は、職能や能力の階層秩序としてではなく、自由な諸力の均衡をとる体系として捉えられなければならない。そこで各人は、同じ義務を果たすという条件で同じ権利を享受することや、同じ働きと引き換えに同じ優位性を得ることを保証される。したがって、これは本質的に平等主義的で自由な体系であり、財産、地位、階級に関するあらゆる特別扱いを排する体系なのである」[10]。こうして、相互性は同時に二つのものに依拠する。一つは算術で、それに従ってこそ交換が平等になるはずのものである。もう一つは道徳原理で、それに従って多様な個別者は、名誉をかけて、自らに課した諸規則に従うのである。それゆえ、相互性は、「正義の定式であるが、これまで別の立法カテゴリーによって無視されてきた、あるいは取っておかれた定式である。相互性の名のもとに、社会の成員たちは、どんな地位、財産、境遇の者であれ、また団体であれ個人であれ、家族であれ都市であれ、実業家であれ農業従事者であれ公務員であれ、互いに約束し、保証し合うのである。働きには働きを、信用には信用を、抵当には抵当を、担保には担保を、価値には価値を、情報には情報を、誠意には誠意を、真理には真理を、自由には自由を、所有には所有を……、である」[11]。純粋に経済学的な言い方をすれば、交換は、特に公正価格によってなされなければならず、それはプルードンの考えでは、生産費と生産者に支払われる賃金に由来するものである。しかるに、現実の商業の世界ではそのようになっておらず、その理由は、とりわけ不安の埋め合わせという口実のもとに利益を増大させることに存する投機売買にある。「誰もが投機売買に没頭しているので、あらゆる関係において虚偽の相互性があり、事物の価値についての、普遍的で互いの同意に基づく詐欺がある」[12]。したがって、商人に公正価格で生産物を販売するための保証を与えなければならない。そこでプルードンは仕掛けを考案したが、それは生産者間の相互契約から、必要に応じて生産者に補償を与えるために国や市町村が提供する保証まで、いくつかのものがあった。いま述べた投機売買への批判という見地からプルードンが書いたものとしては、特に一八五四年刊行の『証券取引所における投機家便覧』があり、同書において金融資本主義の発展が分析・批判される。それは、彼の考えによれば、同時代の経済体系の核心をなすものなのだ。こうした金融批判によって、彼は当時の一定数の社会主義者のように、やはりユダヤ人を投機家と同一視する方向に向かうことになるが、たとえば〔フーリエ主義者のアルフォンス・〕トゥースネルのような人物とは異なり、資本主義との戦いを糸口にして反ユダヤ主義を〔公式に〕打ち立てることはなかった。プルードンの反ユダヤ主義の痕跡は、主として個人的な手帖に見出される。「ユダヤ人は人類の敵である。この民族はアジアに戻らせるか、絶滅させるかのいずれかをしなければならない……」[13]。こうしたことにもかかわらず、彼は数多くのユダヤ人アナーキストによって広く読まれ、深く考察されることになる。たとえば、グスタフ・ランダウアー

(一八七〇―一九一九)は、次のように述べることができた。「あらゆる社会主義者の中でも最も偉大なプルードンが、現代忘れられているにせよ、不朽の言葉によって述べたこと、それが今よりはっきり認められるようになる日が来ることだろう。すなわち、社会革命は政治革命とはまったく似ていない、ということである(14)」。あるいはまた、マルティン・ブーバー(一八七八―一九六五)は、プルードンについて次のように述べた。「彼ほど誠実に、そして力強く、当時の社会的現実の秘密を問うた人はいない(15)」と。

さて、投機が交換の平等に場を明け渡すべきだとすれば、交換の平等の必然的帰結は、自律性の原理となるはずである。「政治において、相互性という観念、労働者階級の経済上のプログラムであるこの観念が必要であるのは、政治的秩序においても、あらゆる事物、あらゆる思想、あらゆる利害が、平等、普遍的権利、正義、均衡、諸力の自由な働き、主張の自由な表明、個人や集団の自由な活動、要するには自律性に帰着させられねばならないからである(16)＊4」。ここで、生産手段の社会化を相伴う労働者の自己統治が、労働と資本の社会化による自己統治に合流する。それゆえ、労働者会社は、資本にも国家にも従属しないのだ。「労働者アソシエーションは、政府が次のことを理解しないかぎりは、空想のままにとどまるだろう。公的業務は、政府自身によって実施されるべきでも私的な株式会社に転換されるべきでもなく、連帯し責任をもつ労働者会社に一括請負かつ期限の定まった契約によって委託されるべきであることを、だ(17)」。このとき、自律的な生産者たちの連盟《フェデラシオン》によって実現する経済的諸力の均衡のおかげで、独占は不可能になる。ここで重要なのは、平等主義的な本性をもつ契約を、資本制的社会分断に固有の不平等な力関係によって偏向させられた契約と区別することである。平等主義的な本性をもつ契約とは、当事者たちが自律的で、契約の骨格をなす諸規則を作り出すための等しい能力をもっているような契約である（これはまた、所有に関しては、一定の占有の平等があることを前提とする）。

したがって、ここに二者択一がある。細分化を免れられない労働者が、所有者＝資本家＝企業家の単なる賃金労働者になるか、あるいは労働者が企業の損失と利益にあずかり、評議会で発言権をもつ、つまりは結合者《アソシエ》になるか、のいずれかである。前者の場合、労働者は従属的存在となり、搾取される。その境遇は永久的に服従と貧困である。後者の場合にのみ、労働者は人間および市民としての尊厳を取り戻し、ゆとりを望むことができる。労働者は、それ以前には生産者の奴隷でしかなかったが、生産者の一部をなすようになる。政治体《シテ》において、それ以前には主権者の臣下でしかなかったが、主権者の一部をなすようになるのと同じように(18)。

だがなぜ、〔現状では〕国家において国家理性の代わりに正義があるのではなく、相互主義は萌芽状態にとどまっているのか。それは、われわれが必然的不平等を信じ、宿命というものを信じたからだ。自然的不平等が信じられていたかぎり、革命というものは理解されなかったし、諸力の均衡があらゆる社会的安定性の先行条件であるとは捉えられなかったのだ。「アリストテレスは、政治の法則として国家に課され、その結果として国家を宿命的に不安定にする自然的・社会的な必然性、それは、「境遇と財産の不平等」だと述べた」。しかるに、

逍遥学派、およびそのすべての後継者たちが主張したように、不平等が自然の法則であるというのが真であるなら、まさにそれゆえに、不平等は国家転覆の原因になりえない。正反対に、不平等は人間性の要素なのだから、それは政治の一要素でもあり、権力の安定性の条件だということになるだろう。ある存在が、その法則に従うことによって消滅するというのは矛盾である。アリストテレスの説、それはプラトンやマキャベリ、その他大勢の説でもあるが、この説は仮定においてすでに誤っているのだ[19]。

経済的・政治的・社会的体系は、もろもろの法則に従って存続する。体系が危機に陥るのは法則が遵守されていないからである。歴史上、国家がいつも崩壊したのは、その表現が正義であるような法則、「敵対する諸力の均衡」と要約しうる法則が理解されなかったためなのだ。実際、「自然が人間のあいだに存続するがままにし、いかなる市民もけっしてそのことで国家を非難することがない、そうした不平等がどのようなものであれ、それは、スタゲイラ出身の哲学者〔アリストテレス〕たちが好んで言う、反乱を引き起こすような不平等ではなく、革命を生じさせる不平等でもない。不平等が口実となっているもの、社会経済を労働・誠実・自由への罠としているもの、それは〔人為的に〕系統立

てられた不公平なのである。もろもろの統治の不安定性の原因、それは要するに、言われるような自然的不平等ではなく、すべて、どこでも、常に、経済的釣り合いの転覆なのだ」[20]。この釣り合いを、資本制も共産制も自らのうちに組み込まなかった。資本制が所有者の絶対主義であるのに対し、共産制は集産主義者の絶対主義である。結局、われわれはこれら体制のそれぞれに、集合的存在の自律性の否定、および自由の否定を見出す。これら体制の綜合は、政府至上主義のうちに、つまりは人間の人間に対する権威のうちに見出されるのだ。

社会経済において、競争が絶えず熱心に作り出そうとするものを、独占が絶えず熱心に解体しようとする。労働が生み出すものを、消費が食い尽くす。所有が独り占めするものを、社会が奪取する。そして、そこから持続的運動、人類の不滅の生が生じる。二つの対立する力のうち一方が阻害されるなら、たとえば個人の活動が社会的権威に押し潰されるなら、組織は共産主義へと堕し、無に帰する。反対に、個人の発意が対重をもたないなら、集合的組織は損なわれ、文明は階級・不公平・貧困の体制のもとで延々と歩むことになる[21]。

III　作用する労働

どのようにして相互主義が行動として現れるかを理解する最善の手段は、おそらく、プルードンが来るべき世界を構造化する媒介物として労働について考察した、その手法を把握することにある。「労働と資本を結合することは、労働も資本もなしで生産することと同様に不可能である。——また、権力によって平等を生み出すことは、権力と平等をなくすことや、人民も行政もなしで社会を作り出すことと同様に不可能である。繰り返すが、不可抗力が社会の現在の定式を逆転させるのでなければならない。それは、人民の労働であって、その勇敢さや投票ではないが、学問的で合法的で不朽で不可避の結合によって資本を人民に従属させ、権力を人民に引き渡すのである」[22]。彼によれば、はじめに注意を促すべきは、実践に基づいてこそ認識が可能になるということである。それは特に、卑俗で学的資格のないものと判定される物体と無関係に機能しうるものとして、高貴なカテゴリー、知性のカテゴリーが存在しうるという考えに抗するものである。「観念は、そのカテゴリーと共に、行動から生まれ、行動に戻るべきであり、代理人〔すなわち、知性のカテゴリー〕は資格剝奪に処せられる」[23]。〔ところで、〕プルードンが指摘するように、工具は、人間によっては予感されるにとどまる可能な生成を、実際に生み出すという活動力の性向を完璧に説明する。「人間の労働に用いられるあらゆる道具の中でも、最も基本的な、したがって最も普遍的な道具、他のすべての道具がそれに帰着するような道具は、梃子《てこ》であり、棒である。オランウータンは、体を支えたり身を守ったりするために棒を利用するが、人間との違いがあり、それはオランウータンがその棒を棒としてしか捉えないのに対し、人間は本能の無限の力能によって、その棒に無限を見出す点にある[24]」。工具は、人間の創造的な想像を具象化することによって、同時に人間の後見人になる。プルードンは、工具が「人間の知性を教化する」とまで述べるが、〔人間が知性と共に工具を用い、その工具が人間を教化するという〕循環運動のうちにあるそれは、人間が自らを超越し、現在そうであるところを超えた存在になることを可能にするのだ。この意味においてこそ、観念は、絶えず進化し更新される創造を永続させながら、行動から生まれて行動に戻る、ということが理解される。それゆえ、観念と実践のあいだに一分法ないし自然的対立は存在しない。そうした恣意的分割の裏に、われわれは社会的区別が隠れているのを見出す。知識を有する者が、自らの手によって働く者に対してもつ権力を正当化する社会的区別を、である。物体と精神の統一という公準に基づくことで、われわれはプルードンに能力の平等という考えがあることを認める。それは、職能の平等、したがって収入の不平等の不当性という考えを相伴う。もろもろの職業は等しく不可欠であるから、価値が低いと評定される職に対して、知的活動よりも低い報酬が与えられるのは不公正である。プルードンは、労働が、今日まで隷属の必然性に帰着してきたというかぎりにおいて、それが呪われたものだったことを認める。しかるに、労働に正義が適用されるなら、そうした断罪はもはや存在理由を失う。反対に、労働者は、自らの行動のうちに、自らの地位によって、自由を認めることになるだろう。自らを宿命の上位に位置づける自由を、である。したがって、この見地からすれば、「偶然、不正行為、暴力の代わりとして、生産主体あるいは労働者としての人間に関わる社会生活上のすべての事実に対する〈正義〉の適用原則を確定すること」[25]が重要である。

産業革命や分業の文脈において、しばしば労働者は同じ動作を繰り返す機械、そうすることによって同時に自らを愚鈍にする機械のようなものだとされる。技術の進歩が加速していっても、社会階級の分割と社会を貫く不公平によって、労働者が機械に救いを見出すことは妨げられる。「したがって、機械の進歩がどれほどのものであれ、［…］蒸気の一〇〇倍強力な力が発見されたとしても、人類が解放され、人類に余暇がもたらされ、あらゆる生産物が無償になるどころではなく、ただただ仕事は増やされ、人々は煽動され、隷属は重度になり、物価はどんどん上がり、命令し享受する階級と服従し苦労する階級の分断は深まる、といったことが起こるだけだろう」[26]。そこで、労働の新しい組織化を考えなければならない。総合科学的教育によって、労働者が、職業別に細分化された理解ではなく包括的理解に基づいて思考し行動できるような、そうした組織化である。いま述べた教育は、資本制的分業のみならず、知的労働者と肉体労働者の分離にも反対するものであり、市民の自律性を保証する枠組みにおいて発展するに違いない。とりわけ、もろもろの労働者アソシエーションと市町村の協力を伴うことによって、である。このような条件においてこそ、プルードンが「民主教育」（démopédie）と呼ぶもの、すなわち人民による人民の教育は、真のデモクラシーの基盤を確たるものにできる。プルードンの考えでは、このとき教育は実践哲学に属することになる。庶民階級の解放の先行条件をなすと同時に、解放の維持を保証する実践哲学である。ここに、われわれはプルードンの政治哲学の中心原理を見出す。自由は与えられるものではない。自由は、新たな隷属への同意にとって好都合な麻酔的安楽のうちに消失しないようにするために、努力を要する見習い期間とある種の監視を必要とする、というものである。

原注

(1)カール・マルクス宛の手紙、一八四六年五月一七日。
(2)同。
(3)『一九世紀革命の一般理念』、前掲、二六〇頁〔=邦訳二五九頁〕。
(4)『革命家の告白』、前掲、二九四頁〔=邦訳三八七頁〕。
(5)『労働者階級の政治的能力』第一巻、パリ、モンド・リベルテール版、一九七七年、六五頁〔=邦訳、一〇六—一〇七頁〕。
(6)『一九世紀革命の一般理念』、前掲、二三三頁〔=邦訳、二二九頁〕。
(7)『所有とは何か』、前掲、三七七頁〔=邦訳、三六七頁〕。
(8)『社会問題の解決』、前掲、九三頁。
(9)『労働者階級の政治的能力』第一巻、前掲、八五頁〔=邦訳、一三五頁〕。
(10)同、八六頁〔=邦訳、一三五頁〕。
(11)同、一八〇頁〔=邦訳、二一七頁〕。
(12)『一九世紀革命の一般理念』、前掲、二四五頁〔=邦訳、二四二頁〕。
(13)『手帖、一八四三年—一八五二年』〔前掲、七五一頁〕。

(14)G・ランダウアー『革命』、ラ・ロシェル、シュリヴェ社、二〇〇六年、一一六―一一七頁〔=『レヴォルツィオーン』大窪一志訳、同時代社、二〇〇四年、一六二頁〕。
(15)M・ブーバー『ユートピアと社会主義』、パリ、オービエ・モンターニュ社、一九七七年、五二頁〔=『ユートピアの途』長谷川進訳、理想社、一九八八年〔改訳〕、四三頁〕。
(16)『労働者階級の政治的能力』第二巻、パリ、モンド・リベルテール版、一九七七年、四一四頁〔=邦訳、四三一頁〕。
(17)『連邦の原理』、前掲、二七五頁〔=邦訳、四一八―四一九頁〕。
(18)『一九世紀革命の一般理念』、前掲、二三三頁、〔=邦訳、二二九頁〕。
(19)『革命における正義と教会における正義』第一巻、前掲、三七九―三八〇頁。
(20)同、三八〇―三八一頁。
(21)『経済的諸矛盾の体系』第三巻、前掲、一四六頁〔=邦訳、(下)五九五頁〕。
(22)『経済的諸矛盾の体系』第一巻、前掲、三一六頁〔=邦訳、(上)四七七頁〕。
(23)『革命における正義と教会における正義』第二巻、前掲、二一五頁。
(24)同、二一九頁。
(25)同、二五一頁。
(26)『経済的諸矛盾の体系』第一巻、前掲、一六六頁〔=邦訳、(上)二四八―二四九頁〕。

訳注

＊1プルードンの計画した銀行は、はじめ「交換銀行」という語によって構想され、具体化にあたって「人民銀行」という名称をとることとなった。

＊2 新約聖書『ヨハネによる福音書』一四・一六の記述に基づくと考えられるが、そこで到来するとされる「助け主」あるいは「弁護者」は、聖霊（真理の霊）である。
＊3 二つの語に同じ訳語を当てているが、この引用箇所が出現する段落の冒頭で、プルードンか、これら二語がいずれもラテン語の mutuum に由来する同義語だと述べているためである。
＊4 この引用は、遺著『労働者階級の政治的能力』の「結論」からのものであるが、この箇所を執筆したのはプルードンの遺言執行人ギュスターヴ・ショーデュエである。

第八章　権利と正義

I　道徳の問題について

一八五五年に書き始められたプルードンの大著『革命における正義と教会における正義』は、もともと彼についての悪意に満ちた伝記を公刊したウジェーヌ・ド・ミルクールへの速やかなる反駁を意図したものだった。一八五八年、同著は一七〇〇頁からなるものとしてついに完成した。〔同著によって〕彼は再び告訴され、禁錮三年、および四〇〇〇フランの罰金を宣告される。監房に戻るか否か一瞬ためらったのち、彼は最終的にベルギーのブリュッセルに亡命することを決心し、一八六二年九月までブリュッセルに滞在することになる。同著で、道徳の問題に取りかかったプルードンは、その問題が「あらゆるものの中で最も重大で、最も高尚である」(1)ことに注意を促す。道徳は、社会学、経済学、衛生学はもとより神学にも還元されないものである。というのも、良心はすでにしてその基準をもっているからだ。各人は個別の観点をもつが、それは個別の観点に存する多元論的全体性を構成するものであるがゆえ、プルードンが理解する意味での主観的道徳は、完全なる相対主義に依って立つものではない。すべてが同じ価値をもつわけではなく、道徳は、主観性同士の関係の増大に応じて明らかになっていく客観的実在としての正義を構成するということだ。たしかに社会は、個人が担う判断に影響を及ぼすが、正義はすでに人間の心のうちで先立って構成されており、行使されるのを待つばかりである。すると、プルードンの哲学は、ヘーゲルの「人倫」（Sittlichkeit）ともカントの「道徳性」（Moralität）とも区別される〔発想に立つ〕。前者は、共同体の慣習や習俗に立脚した道徳的義務に関わるもので、後者は自律的で理性的な個人の定言的義務に関わるものである。また、プルードンの自由の着想は、自由主義者たちのそれとも一線を画すものであり、彼は自由主義者たちに対して次のような言葉を向ける。「あなたがたは、自由とは、人間の力能を阻害する障害物を厄介払いするのに応じて人間の中で姿を現す力能である、と述べる。しかるに、人間が厄介払いできるためには、すでに力能がなければならない[2]」と。こう述べるというのも、自由は、人間が生まれ落ちる社会なくしては考えられないからだ。ここにわれわれは、「集合の力」の概念を作り出した社会学者プルードンの姿を見る。実際、〔プルードンが述べるには、〕「あらゆる集合性の本質は、集合の結果が、集団を構成するそれぞれの要素とは質的に異なり、また力能においてそれらの総計を上回るということにある。それゆえ、自由の機能は、主体を物質および生命・精神に関するあらゆる現出、欲望、法則の彼方に運ぶことにある。主体にいわば超自然的性格、すぐれて人類を特徴づける性格を与えることによって、である[3]」。ここにプルードンの鍵概念である「集合的存在」が見出される。それは、もろもろの力能の合成体であると同時に、一つの特異な存在であり、外部の多元性に向かうことで、邂逅する諸力の数多性からもたらされるものに力を得て、自らの力能を豊かにし発展させる。それゆえ、社会性とは、根本においては同一である自我と集団を同時に肯定することである。すなわち、「すべての人にとって本質は同一的であり、また一であるから、人はそれぞれ自らをまったく同時に人格であるとも集合性であるとも感じる」[4]。したがって、個人でも集合性でもなく、両者を適切に調和させうる正義に優先権を与えるべきである。実際、プルードンの考えでは、「社会性の本能としての〈正義〉は、自由意志に先立つ。［…］したがって、世界の観念は自由意志に先立つ」が、自由によってこそ人間は、「善をなすことへと自らを駆り立てる。自由は、神学が〈正義〉や自由意志と共に〈神的存在〉のうちに位置づける恩寵であり、それが〈正義〉やその所産に魅力を与えるのだ」[5]。自由主義者の自由の場合、法によって禁じられていないことなら何をしてもいいという自由が想定されるが、それでは真に自律的で疎外から解放された社会を構想することができない。そうした見地においてこそ、プルードンのカント批判は理解されうる。

カントは、道徳学を幾何学や論理学のように、あらゆる経験論を脱したア・プリオリな着想のもとに構築しようと努めたが、成功しなかった。彼の基本原理である〈正義〉の絶対的命令、あるいは定言命法は、彼の形而上学では解釈不能の経験的事実なのだ。彼は、〈法《ドロワ》〉が私の自由と万人の自由の調和であると述べた。そこから、ヴォルフを模倣した彼の格率、「あらゆることにおいて、汝の行動が普遍的規則と見なされうるような仕方で行動せよ」、これが出てくる。カントのこれら命題の最も小さな欠点は、正義を定義するのではなく、正義を問題に付すという点にある。どのようにしてもろもろの自由の調和が得られるのか。いかなる原理によってか。どのようにして私は、自分の行動が普遍的規則として用いられうるか否かを知るのか。また、普遍的規則として用いられることの何が私にとって重要なのか。こうした抽象が私に何をもたらすのか。(6)〔こうした問題である。〕

一般的に言って、選択の自由を内在的価値として捉えることは、われわれの存在そのもの、われわれの約束、関係を果てしなく問い続けることに規範的価値があるという前提に立ってなされる。まさにそれらが社会の最深部をなし、それに基づいてこそ道徳を考えうるのに、である。さらに言えば、自由に行動したり選択したりすることは、その行動の合目的性に関していかなることも示さない。結局のところ、あらゆる合目的性を主体の選択に還元して、道徳原理の基礎を主体の自己決定にだけ置いてしまうと、政治を利害や力関係にのみ動機をもつものとして捉えることになりかねない。〔しかるに、〕それはまさに、ホッブズの哲学的論理のうちに見出されるものである。プルードンが書いているように、「人間は、ホッブズが述べたような、利害や必要性をめぐる単なる打算によってのみ社会的・法律的状態に誘われるのではまったくない。利害に基づく動機は、それ自身では社会状態を維持する力をもたなかったのだ。〔もしホッブズの言うとおりなら、〕各人はそれが有益であるかぎり、たしかに平和を望むが、それが自らのエゴイズムにとって都合が悪いと判断するや、平和を拒絶し、協定を破るのだから、群衆は、永続的な解体状態を生きることとなっただろう(7)」。しかるに、それを避けられるようにするもの、それは団結の力である。「この力をわれわれは正義の原理のうちに見出すが、それは利害や必要性よりも強く長く心に刻まれて、人を結合に向かわせる力、国家を作り、維持する力なのだ[8]」。実際、正義は次のような事実を示す。「すなわち、人間たちのあいだに常に必然的に利害の共同性が存在するわけではないにせよ、利害より上位のものである尊厳をめぐる連帯は常に本質的なこととして存在するという[9]」事実である。ここに習俗の科学の対象のすべてがある。それは、正義の実現を可能にするべく主体と社会の関係を考察する科学である。そうした科学に到達するための唯一の方法は、主体の習俗を同時に実在および理念として捉えることにある。「なぜ実在かと言えば、習俗とは、本質の一般性、および能力の行使において捉えられた主体それ自身のことにほかならないからだ。また、なぜ理念あるいは関係かと言えば、習俗は主体と自然および他の諸存在との交わりから生じるものだからである[10]」。しかるに、「社会で構成される主体が有する習俗に与えられた総称である[11]」正義は、同時に実在であり理念であるべきだが、それは社会という間接的手段による尊厳の増大を人が認識できるようにするための一貫性、これを正義が有するためにそうであるべきなのだ。こうして、正義とは、個別的存在と集合的存在が共に発展することを可能にする力である。われわれは、この正義を定義する法則を少なくとも二つ引き出せる。一つは、主として人格に関わる。すなわち、正義とは「自発的に感じられ、相互的に保証される人間の尊厳への尊重〔という能力の産物〕である。人間の尊厳は、どんな人格においてであれ、それが損なわれるどんな状況においてであれ、またそれを守ることでわれわれがどんな危険にさらされようとも、尊重されるのだ[12]」。これは道徳法則であり、より一般的な社会法則のうちに位置づけをもつ。〔それが二つ目のものであり、〕内実は以下のとおりである。

正義そのものはアンチノミーの釣り合い、つまり戦い合う諸力の均衡への還元、要するには諸力それぞれの野望の等式です。それだからこそ、私は自由を単なる標語とはまったく捉えないのです。自由とは、無限定で吸引的な力、圧伏されうるとしても、〔それを〕納得させることはできないような力なのです。私は、この自由の上に、判定し、決定し、配分する〈正義〉を位置づけました。自由とは至高の集合性の力であり、〈正義〉はその法なのです[13]。

正義は、プルードンの芸術哲学にも見られる。彼は芸術の専門家ではなかったが、一冊の短い本を書くには十分な興味をもっていた。その本とは、一八六五年、没後すぐに刊行された『芸術の原理とその社会的目的について』である。彼の考えでは、芸術は、現実の表現と理想の表現のあいだの絶えざる緊張に存し、そのどちらかにのみ与するならば、消滅するおそれがある。この点で、芸術には社会的役割がある。すなわち、物質と精神、そうであるものとそうであるべきもの、自我と他性、これらの関係を明らかにする役割だが、それだけでなく、両者の結びつきの運動を後押しし、その進展を説明するために、絶えずこうした関係を深めるという役割をも有する。このようにして、芸術は、次のような「効果」をもたらすはずである。「最も重いものから最も軽いもの、最も巧みなものから最も気まぐれなもの、それらを含めた芸術作品の総体において人間の生を表現するという効果。それによってもろもろの感情、情念、美徳と悪徳、労働、偏見、滑稽さ、熱狂、崇高と恥辱、良い習俗と悪い習俗のすべて、要するにはもろもろの人間の生の形態を、それらの典型的・個別的・集合的現出に従って表現するという効果。そして、それらすべてが人類の物質的・知的・道徳的改善、自らによる人類の正当化、最終的には人類の賛美のためになされているようにする、という効果である[14]」。

II　正義、および権利の力

正義はプルードン哲学の主軸である。それは思想の天空に住まう空想などではまったくなく、「もろもろの社会を統べる太陽であり、政治の世界がまわるための極であり、あらゆる商取引の原理であり規準である[15]」。さて、すると正義に関して二つの異なる着想がある。それを人間たちに由来すると着想するか、神、その他人間にとって外的な観念、人格、機構に由来すると着想するかに応じて、である。〔最大著『革命における正義と教会における正義』の構図を踏まえて述べれば、〕前者の着想は、革命の観念に適合するもので、一七八九年の革命に基本的表現を見出したが、それは引き続き展開されるべき状態にある。後者の着想は、権威主義的超越性の観点から最も完全な体系を形成した機構であるという点で、教会に結びつく。プルードンは、これら二つの着想は対立し、それぞれ、彼が呼ぶところの「人間的権利」と「神授権」に帰すると考える〔第三章参照〕。すべての統治体制は、今日に至るまで、何が秩序であるかを規定する社会外的な権威の必要性を引き合いに出すこと〔つまり後者〕によってしか正当化されえなかった。この見地からすると、道徳はその源において否定されるので、社会を制御することとしか問題になりえない。正義を超越的観念に由来するものとして着想することによって、〈全体〉は諸部分を凌駕し、諸部分がもつ政治的自律性のみならず道徳も否定されるのだ。それゆえ、啓示あるいは権威の体系は、「良心の参加も経験による確認もまったく期待しない。その定式は絶対的なもので、もっぱら人間的であるような考察すべてから解放されているのだ。そうした定式は、人間に向けて作られているが、人間に従って作られているのではなく、前もって、そして永久的なこととして宣言されるのである」[16]。カトリック教が、超越性から秩序が生じるこの「神授」権の体系を最もよく代表するものだとして、「多数の改革家を〔そうした体系の保持者として〕加えなければならない。彼らはたしかに教会と決別し、有神論とも決別してはいるが、〈社会〉や〈人類〉、その他もろもろの多かれ少なかれ可視的で尊敬すべき〈至高性〉を神の代わりとすることによって、依然として外的なものへの従属の原理を固持しているのだ」[17]。こうして、人間による人間の統治の正当化のために神学政治的な体系を借用する一連の世俗化されたイデオロギーがそこにある、ということになる。

人間的権利の名のもとに自己統治する人間たちの能力を法的・政治的に正当化するためには、力と権利の関係に立ち戻ることが重要である。ここで、プルードンは、根本的でありながら誤解されている理論を展開する。それは「力の権利」という概念に凝縮される理論である。賭け金設定はこうだ。「力の権利を過小評価するなら、人は権利なき力をもつことになるだろう[18]」。正義についての正確な系譜学によって、こうした力の権利の重要性を説明することが可能となる。所有についての第一の覚書で、プルードンは次のように明言している。「古代の詩人たちによって「黄金時代」と呼ばれた消極的共同体から脱すると、正義は力の権利になり始めた[19]」。力の認識は、国家、官職、さらには交戦権の出現に寄与した。「力の観念を捨てるなら、権利の観念をも消去することになる。というのは、もはや関係も運動も行動もなくなるからだ。人々は身動きがとれなくなり、みな孤立し、固定化する[20]」。もと、正義の力から力の正義へ、その距離は一歩分しかなく、プルードンは力と権利が互いに支え合うこと、時に両者が対立するにせよ、一方なくして他方が勝利を収めることはありえないこと、これらを確言することによってその距離を踏み越える。プルードンが挑んだ問題系は、パスカルの断想《パンセ》〔ブランシュヴィック版の〕二九八ではっきりと定式化されている。

正義は言い争いを免れないが、力はすぐにそれと分かり、言い争いの余地がない。こうして、正義に力を与えることはできなかった。力が正義に異議を唱え、正義は不公正で力こそが公正だと述べたからである。このようにして、正しいものを強いものとすることができなかったので、強いものが正しいものとされたのである。*1

力と正義が対立するように思われるとしたら、それは何よりもまず力と権利の関係が把握されなかったからである。その関係をしっかり理解するには、次のことを想起する必要がある。「人間という組織化された存在は、もろもろの力能の合成体である。人間は、そのすべての能力が承認されることを望むのだから、他者のすべての能力を承認しなければならない。それなくしては万人の尊厳は侵害され、権利は不完全になる」[21]。主体には能力の数と同じだけの権利があるという意味で、労働の権利（生産し、生産物の果実を受け取る能力）、知性の権利（考え、学ぶ能力）、愛の権利（愛し、結婚する能力）があるが、同じく力の権利もある、ということになる。他のすべての能力と同じく、力も正義を帯びたものになりうる。それが力の権利を制裁しうるという意味において、である。力は内在性の原理、およびもろもろの力能の区別の原理によって、それ自身のうちに制裁（の力能）を保有しているのだ。法学者の誤りは、力は権利に対立するもので、それは原始時代からの恥ずべき遺産でしかないと考えてしまった点にある。彼らは、力なくしては諸権利が実質性を失い、もはや土台も保証も有さないものとなって終わるということが分からなかったのだ。こうして、力の権利は、自らの権利を行使することに存し、その中には他者の保護も含まれる。そうであるがゆえ、ある能力を削られてしまった集合的存在は、それを取り戻すために力の権利の助けを求めることができる。力が自らの法や権利を尊重しなくなってしまうとき、それはもはや自らの存在理由の否定でしかなく、暴政に堕している。実際、高い文明段階に達した社会では、濫用的な力は自ずと減少し、消えていく傾向にある。力は、〔自らを根とする〕幹に生まれた諸権利を侵害することによって、力の権利を憎むべきものとし、自身の存在を危うくする。そうして暴政の恐怖が生まれるが、それは自殺であると同時に、嬰児殺しなのである。[22]

力の権利の理論によって、力のそれ自身による自己調節、それが自由と自律性の保証であることを理解できるようになる。プルードンの力の理論が奴隷制を正当化すると主張した敵対者に対し、彼は次のように反論した。「それどころか、あまりに長きにわたって過小評価されてきたこの力の権利の名誉回復を強く望むからこそ、私は奴隷制に関して、それにつながるような、そして諸個人の絶滅への傾向をもつような、愚かで憎むべき仕方での力の権利の適用に反対するのだ[23]」と。それゆえ、力の濫用は、正確にはその反対物と言える力の権利の価値を失わせることはできない。プルードンは次のように指摘する。「訴訟当事者は、そのことによって裁判を否定することなく、自らに突きつけられた法解釈を拒否できる。証人による証拠の有用性を否定することなく、証言に対してそれが偽造だと申告できる。所有権を否定することなく、所有権の濫用に抗議できる[24]」。〔それらと同じことなのだ。〕

プルードンは、力をその正当な権利に立ち戻らせることによって、集合的存在それぞれ（国家に限らず）における承認を通じてそれを普遍化し、その結果、力に完全な正当性を再び与えている。[25]国家による力の独占は、力の権利を承認することからは程遠く、濫用によってそれを否定するものだが、国家それはプルードンによれば、最も論理的で最も強力な論法を示したホッブズによって理論化された。リヴァイアサンが絶対的な力によって平和を命じるとき、それはもろもろの集合的存在の力の権利を、したがってその諸能力と自律性を否定するのだ。

だが、力は（プルードンにおいてしばしば同義的に用いられる自由と同じように）、自らの法を遵守し、濫用になることを避けるために、最後の保証を正義と道徳のうちに見出す。実際、力は「それにふさわしい仕方で」、つまり知性的で道徳的な仕方で「用い」られるべきなのであって[26]、ホッブズのみならずヘーゲルも顧みなかったこと、それは、純然たる力の体制は良心をもたないがゆえに、ニヒリズムの深淵に沈み、消滅して終わるということである。「道徳意識が衰え、力以外に何も秩序を保証するもの、権利を承認するものがないような社会は、危機的状態の社会である。社会は自ら再生するか、消滅するかのいずれかでなければならない[27]」。それゆえ、戦争によって、力が、権利を生み出すような判決に達することがありうるとしても、そうした判決が絶対確実なものだと考えないように注意しなくてはならない。戦争は、それが「力に関する真または架空の判決[28]」であるという点で、司法的機能をもつ。人間は誤りうるが、正義の徹底的な内在性と自らの道徳的能力を力の権利によって肯定することで、選択において自由であり続けるのだ。それゆえ、プルードンは、まったく紛争のない理想的政治体《シテ》の可能性を肯定する人間学的楽観主義（ルソー的伝統、それに続く理想主義者、ユートピア的社会主義者）に与することもなければ、臣民たちに平和を強制するために、公正なるものの唯一の作者であるリヴァイアサンが必要であると主張する悲観主義（宗教的伝統であり、ホッブズが手直しした）に与することもない。どちらにおいても、力の権利が否定され、同様に、個人の道徳感覚とその自律性が否定されるのだ。プルードンは、力の権利を確立することで、精神界における先立つ表象からの「さらなる大きな一歩」を踏み出せると考えた。というのは、彼が、「諸力の法則によって、精神界と物質界の結合は避けがたいものとなり、すべての法則が唯一の原理、すなわち集合の力と諸力の結合に還元される」[29]と想定するからである。

こうして、力の権利の理論によって、プルードンは、もろもろの存在（個人であれ集団であれ）が自律的であるための能力を考えることができた。それら諸存在は多元性によって特徴づけられ、多元的世界に位置するものだからであり、そのことは正義というものが関係に基づいてしか考えられないという結論を導く。反対に、主権はその基礎を関係ではなく〈一性〉のうちに見出す。〔だが、〕実際、正義は何よりもまず関係を、したがって少なくとも二つの要素を前提とするのであり、それは国家に体現される神の〈一性〉、および個人の諸権利に体現される人間の〈一性〉と相容れないものである。「霊魂的実在であると同時に義務的関係として捉えられた正義は、もはやその概念の演繹によって自身の転覆に至ることはない。宗教的であれ非宗教的であれ、正義に定式を与えると主張したあらゆる体系に起こったような転覆である。そして、〈革命〉がそう非難されたように、上からの敬意の代わりに〈人権〉を据えることによって、人間を自己崇拝者、つまりは神にするという結果にならざるをえないなら、やはりそのときに必ずや起こるような転覆である。正義は少なくとも二つの項を含む。互いの尊厳に対する共通の敬意によって結びつくが、それ以外のすべては相反し、競い合うような二項である」[30]。この二元性の考えは、プルードンにおいて、婚姻制度がその聖別であるような男性と女性の関係にも拡張される。

III　愛と結婚

『革命における正義と教会における正義』において、プルードンは男性と女性のアンチノミーを自然なこととするが、彼の考えでは、それら両項は補完性を示すものでもある。すなわち、一方に力・知性・保護が、他方に美・従順・母性があるという補完性である。「男性のほうが、純粋で厳密で峻厳な権利を優先させようとする傾向をより多くもち、女性は慈善と愛によって君臨しようとする傾向をもつ。［…］女性からの影響によってこそ、男性は権利の一部を自らの意思で手放すことを覚え、気前のよさを裏書きする犠牲を払うほうが、完全無欠の権利要求をしていたときより幸福だと感じるようになる」[31]。そこで彼は、結婚が正義の原理の名において両性の均衡を保つことを可能にする制度であると捉える。

正義のためには、質が異なり、相互補完的な二人の個人、異なる性向、対立する特質をもつ二者から形成される二元性が必要である。つまり自然が父子、さらには男女という二重の姿をもつ夫婦に配置するような二者である。要するに、自然は正義の手段として性的二元性を与えたのであり、人間個人を組織化された自由と定義できたのと同じように、夫婦を組織化された正義と定義することができる。正義を生み出すこと、それが両性の分割の目的である。生殖やそれに続くことは、ここではもはや副次的なことを表すにすぎない(32)。

同様に、プルードンの考えでは、家族と社会は区別され、さらに両者はアンチノミーに置かれる。すなわち、家族は権威と犠牲に立脚すべきであり、社会は契約と自由に立脚すべきである。それゆえ、プルードンは、両者を混同しているとして、同時に共産主義者と保守主義者を批判する。共産主義者は、家族を習俗と教育の解体に通じるような平等主義的機構にすることを望み、保守主義者は、家族をモデルとして権威主義的で非平等主義的な社会を建設することを望むという形で、それぞれ家族と社会を混同しているのだ。実際には、家族と社会はそれぞれ補完されるべき特異性をもっているのである。

男性と女性の二元性は、結婚にその完成を見出す。愛は、それ自身に任されると、破壊的な理想主義の諸形態へと退化しうるが、家庭は、そうした愛を穏和化する第一の場所となる。だが、男性は、「妻を、自分の仕事を愛するように精神的に愛さ」なければならない。「愛するほどに、妻がますます輝かしく、貞潔で、有能になるように望むのだ。彼は妻が傑作に、女神になることを熱望するのである(33)」。プルードンの結婚論は、ブルジョワ的結婚に対する非難となっており、それは彼からすれば、虚偽、不貞、金まみれからなるものである。彼にとって、結婚の権利は、労働の力によって家族が尊厳ある生活を送れるようにする権利なのだ。彼は、相互の献身が最大限の犠牲にまで至ることを求めるが、良心の犠牲は除外される。〔ところで、〕プルードンは、将来の妻に道端で声をかけたのち、急いで手紙を書いてその動機を説明している。

私は以前から、上流階級の話し方をするご婦人、芸術家や文筆家の女性に嫌悪感をもっておりました……。それに対して、気取らず、優美で、飾らない、仕事と責務に献身する労働者、一言で申し上げると、それがあなたの中に私が見たように思うもので、心からの敬意と愛情を抱いております……。このような女性に対して私が差し出すべきもの、それは一人の男性の愛でありましょう。マドモワゼル、私の気持ちは、その一言に尽きます[34]。

彼の妻になるユフレジー・ピエガールは、教会で結婚することを望んだが、彼は断った。教皇が社会主義的民主主義者になりでもしないかぎり[35]、それは彼にとって問題外だった。そして、結婚の決意は、拘束行為をなすことからは程遠く、誓いを通じて自由の至高なる行為をなした。「私の結婚は、教会で結ばれたものでなかったにもかかわらず、そしてまさに教会で結ばれたものではなかったからこそ、私の人生で最も自由で、最も熟慮の上の、最も無欲な行為であり、野心、気まぐれ、熱狂、拘束といった動機すべてから最も解放された、最も純粋な行為でした。それは、どんな側面から検討してもそうですので、あえて申し上げれば、最も威厳のある、最も称賛に値する行為だったのです[36]」。このとき彼は、妻との結婚によって、男性と女性の二元性に関して後に理論化することになる事柄を自らの存在のうちで体験した。

以前は、私は頭でっかちで、いわば感情を欠いていました。私の妻は、それを私にもたらしてくれたのです。私たち二人は、一組なのではなく、一つの人格なのです。私が頭で、彼女が心です……。私は、自分の気質に適合しうる唯一の魂と結婚したものと思っております[37]。

彼はすぐに彼女とのあいだに子供たちを得て、父親であることの喜びと同時に、子供を失うことの悲劇を知った。プルードンの母の名をもらった長女カトリーヌは、一八五〇年に生まれて九七歳まで生きることになるが、マルセルは一八五四年にコレラによって二歳で亡くなる。ステファニーは一八七三年に二〇歳で逝去し、シャルロットは一八五六年に生まれてその年に亡くなる。プルードンにとって、

愛の道徳性をなすもの、愛の快楽を完遂させるもの、それは子供たちである。父であることは愛の支えであり、その承認であり、その目的である。それが獲得されたとき、愛はその経歴を終えたのだ。愛は消える。より正確に言えば、愛は形を変えるのである[38]。

この〔親であるという〕点で、彼はその理論を見ると予期されるだろう〔父母の〕任務の分割をおこなっていない。彼は次のような事実を強調するのだ。「子供をこの世に誕生させるだけでは十分ではなく、育て、与えることが必要です。確実なのは、父であることが、私の中の大きな空隙を埋めたということです[39]」。一八五二年一月三〇日の手帖にはこう記されている。「毎日、毎時間、気づけば子供たちの相手をしている。若者が恋人の相手をするように。それらは異なる愛ではあれ、正確に同じものだ」。だが、彼が譲ることのなかった分割がある。それは、指揮と従順の分割である。家庭における正義は、「男性に、「より役立つために指揮する」ように言い、女性に、「より君臨するために従う」ように言う[40]」。たしかに、「両者とも責任があり、したがって自らの職能において自由であるが、それでも夫が妻を制御する権利をもつことになるのに対し、妻は夫を助け、知らせ、尋ねる権利しかもたない[41]」。こうした分割は、政治体での女性〔の役割〕に関する彼の考えのうちにも見出される。彼は女性が戦争に参加することを認めず〔娘たちが生まれたとき、少なくとも彼女たちが大砲の餌食の役目を務めることはないという事実を引き合いに彼は喜んだ〕、働くことも、ましてや政治的職能に就くことも認めなかったのだ。プルードンは、たとえば女性が代議士に立候補することに反対した。一八四九年の立法議会選挙に立候補した〔社会主義フェミニスト〕ジャンヌ・ドロワンの場合のように。こうして彼は、〔作家でフェミニストの〕ジョルジュ・サンドや〔フェミニスト活動家・作家でプルードンと同郷・同年生まれの〕ジェニー・デリクールと論争したが、公の場に出た女性のうち、彼の目にかなった数少ない女性の一人は、〔社会問題と女性の問題は一体だと捉えたがゆえに、女性の問題に特化したフェミニズム運動からは距離を置いていた社会主義者〕フローラ・トリスタンである。彼のこうした立場は、当時の社会主義者の中で異例のものではなかったにせよ、それでもやはり一定数の人々からの異議に直面し、その中には重要人物もいた。〔ジャーナリストの〕ジョゼフ・デジャックや〔哲学者〕ピエール・ルルーなどは、彼の女性蔑視を非難したのである。

原注

(1)『革命における正義と教会における正義』第三巻、前掲、三九八頁。
(2)『革命における正義と教会における正義』第二巻、前掲、四九三頁。
(3)同、五一八頁。
(4)『革命における正義と教会における正義』第一巻、前掲、一七三頁。
(5)『革命における正義と教会における正義』第二巻、前掲、五一九頁。
(6)『革命における正義と教会における正義』第一巻、前掲、一九〇頁。
(7)『戦争と平和』第一巻、前掲、一八六頁。
(8)同。
(9)『革命における正義と教会における正義』第一巻、前掲、一八四頁。
(10)同、七二頁。
(11)同、七三頁。

(12) 同、一八二一―一八三頁。

(13)『書簡集』二一巻、パリ、ラクロワ版、一八七五年、三〇八頁。

(14)『芸術の原理とその社会的目的について』、パリ、ガルニエ・フレール版、一八六五年、二七〇頁。

(15)『所有とは何か』、前掲、四三頁〔＝邦訳、三九頁〕。

(16)『革命における正義と教会における正義』第一巻、前掲、八七頁。

(17) 同、七六頁。

(18)「力の権利」、f°77、未公刊資料。

(19)『所有とは何か』、前掲、二三九頁〔＝邦訳、三四六頁〕。

(20)「力の権利」、f°45、未公刊資料。

(21)『戦争と平和』第一巻、前掲、一三七頁。

(22) 同、一四二頁。それゆえ、力は自らの法を遵守しなければならない。だからこそプルードンは次のように述べる。「人民が力の名においてすべてを決めようという野望をもつなら、それは多数の頭をもつ暴君である。人民の力は、人民に〔不定冠詞の〕権利を授けるが、〔定冠詞の〕権利を作るのではないし、あらゆる権利を作るのではない」(「力の権利」、f°72)。たとえば、人民が自らに長として暴君を与えるとき、人民は力の権利を濫用しているのであり、権利を逸脱している。

(23)『戦争と平和』第一巻、前掲、一八四頁。

(24) 同、一一一頁。

(25) プルードンは、所有についても同じ手法を用い、その濫用を告発することで、普遍的な所有の権利を認めている。

(26)「力の権利」、f°10。

(27)『戦争と平和』第一巻、前掲、一三三頁。
(28)同、一三五頁。強調は引用者。
(29)「力の権利」、f°86。
(30)『革命における正義と教会における正義』第二巻、前掲、一八五―一八六頁。
(31)『娼婦政治』、パリ、レルヌ社、二〇〇九年、四一頁。
(32)『革命における正義と教会における正義』第四巻、パリ、リヴィエール版、一九三五年、二六四頁。
(33)『経済的諸矛盾の体系』第二巻、前掲、三七七頁(=邦訳、(下)五六六頁)。
(34)ユフレジー・ピエガール宛の手紙、一八四七年二月七日。
(35)マゲ博士宛の手紙、一八四九年一二月二七日。
(36)ティソ宛の手紙、一八五一年一〇月二八日。
(37)A・ゴーティエ宛の手紙、一八五〇年一月一四日。
(38)『経済的諸矛盾の体系』第二巻、前掲、三七八頁(=邦訳、(下)五六八頁)。
(39)ベルクマン宛の手紙、一八五四年三月五日。
(40)『娼婦政治』、前掲、六一頁。
(41)同、五四頁。

訳注

*1 パスカル『パンセ』(上)塩川徹也訳、岩波文庫、二〇一五年、一二六頁参照。

第九章　戦争から平和へ

I　戦争万歳！

一八六一年に著書『戦争と平和』――このタイトルは、同年ブリュッセルで出会ったトルストイの有名な小説に着想を与えることになる――を刊行したとき、プルードンは、またも物議と無理解を掻き立てることとなった。実際、はじめの数頁は戦争への頌歌で始まり、その文面は有名な定式「所有とは盗みである」に勝るとも劣らない挑発的なものである。

戦争万歳！　戦争によってこそ人間はやっとその母胎である泥土から脱し、威厳と武勇のうちに身を置く。打ち倒された敵の体の上でこそ、はじめて栄光と不死を夢見るのだ。大量の流血、骨肉相食む殺戮は、人類愛が忌み嫌うものである。私は、そうした軟弱さが人間の徳性の減退の前兆となることを心配している。英雄的戦いの崇高な大義を擁護すること、その戦いとは、戦士たちの名声、推定される権利が平等で、殺し殺される危険を冒してなされる戦いのことだが、その擁護に何かとても恐ろしいものがあるだろうか。特に、道徳に反するものがあるだろうか。死とは生の仕上げである。知的で道徳的で自由な被造物である人間が、これに勝る気高い仕上げを迎えることなどできるだろうか[1]。

この著書は、刊行されるや、十分大きな成功を収めたが、読者は内容を理解しなかった。彼への共鳴者たちは憤慨し、彼の敵たちはこんな煽動的なものを書くとは彼の著述家としてのキャリアも終わりだ、と喜んだ。だが、『戦争と平和』は、プルードンが最も入念に作り上げた著作であり、公刊することに最も喜びを感じた著作である。彼の友人である共和主義者や社会主義者のうち、一定数は彼の私的所有批判についていけていた。信仰者であるか無神論者であるかということならばずっと話は単純なのに、彼の反神論に賛成するかどうかが問題とされたとき、すでについていける人の数は減っていたが、まだたくさんの人がいた。〔けれども、〕彼らは、プルードンが戦争に好意的な文章を書き、外交政策についてしばしば保守主義者たちと一致する立場をとることには我慢ならなかった。実際、プルードンは民族自決主義に反対することによって、民主主義者たちの立場に反したのである。彼らは、プルードンがロシアのポーランド支配、およびオーストリアのイタリア支配を擁護していると して非難した。彼を擁護し続けた類稀なる友人の一人に宛てた手紙で、彼は自らの悲嘆に言及している。

読者は、事態を軍隊が競って互いに殺し合うという非常に単純なものと見なします。あなたが彼らに、それは殺人だ、強盗だ、狂気だ、策謀だ、と言えば、拍手喝采を浴びます。彼らは中傷や侮辱を好みますし、彼らには人間嫌いが正しいことに見えます。けれども、戦争というものを、同時にわれわれの貧困と良心から生じて、諸国家や諸国民の粉砕によって進歩を生み出す壮大な現象と認めようとすること、これを彼らは拒むのです。彼らは戦争を奇抜で逆説的なもの、そして実を言えば、あまりに美しく、あまりに人間を超えたものだと思うのです。私たちは、小市民気質によって、実に堕落し、実に低能化しているので、私は進んで今、アメリカ先住民の酋長と握手しようと思います。少なくとも、彼ならば私のことを理解するでしょうから[2]。

プルードンにとって何より重要なことは、戦争という現象の存在理由を理解することであり、それは宗教現象の存在理由を説明するのが重要なのと同じである。戦争がわれわれをぞっとさせるのなら、また戦争を終わらせることが、少なくともその形を変えることが重要であるのなら、なおのこと戦争を人類の重要な構成要素としている原動力を把握する必要がある。戦争は単なる異常どころではなく、実際それは人間の条件に強く依拠している。すなわち、「人間は、何よりもまず好戦的な動物である。戦争によってこそ人間の本性は崇高な仕方で姿を現すのであり、戦争だけが英雄たちや超人たちを生み出すのだ[3]」。こうして、戦争は、人間が本性に立ち向かい、創造によって本性を昇華させること、および死に立ち向かう勇気を測定することを可能にする。同時に、人間の実存に関する不公平極まりない諸条件に反抗する行為としての自由を感じることをも可能にするのだ。したがって、人類による最初の宣戦布告は、〔条件を設定した〕神への宣戦布告である。アダムとイヴは、自律的な被造物としての態度をとることによって、それ以降、善悪を認識できるようになったのだ。ある意味で、戦争全般は人類の革命への熱望に見出される。人類は自らの条件を改善しようと努めることで、歴史的主体になるのだ。それはまた、戦争によって人類が他の動物種と区別される理由でもある。

狼やライオン、ましてや羊やビーバーは、互いに戦い合うことをしない。長いこと、この指摘は人間種に対する諷刺に用いられてきた。なぜ反対に、そこに人間の偉大さの徴があるとは捉えないのか。もし仮に、自然が人間をもっぱら勤勉で社会的で、少しも好戦的でない動物にしていたとしたら、はじめから人間は結合するほかないように運命づけられた獣の水準に堕し、英雄主義の誇りと共に、あらゆるものの中で最も素晴らしく最も豊穣である革命の能力をも失っていただろう、とは捉えないのか。純粋なる共同体に生きるなら、人間の文明とは家畜小屋だということになるだろう。〔人間が好戦的であることの意義を認めない人々は〕人民や民族にどんな価値があるか、分かるだろうか。われわれは進歩しているだろうか。われわれは、軍人の言葉遣いを商人の言葉遣いに言い換えたものとしての価値の観念をもっているだけなのか……。世界で何らかの名声を獲得した人民であれば、必ずその軍事記を誇らしく思うものだ。それは、後世の人々の尊敬を集める最も美しい称号なのだ。あなたがたはそれを汚辱にまみれた文書に仕立て上げるのか。博愛家たちよ、あなたがたは戦争の廃止を語っているが、人類を堕落させないよう注意するがよい……[4]。

こうした次第で、プルードンは、戦争をあらゆる側面から研究することに目標を設定する。心理学的、宗教学的、社会学的、政治学的、経済学的といった側面であり、そうすることによって、もし「嵐に法則があるとしたら、戦闘にも法則がある[5]」こと、それを発見可能にするための指針を引き出そうとするのだ。

II　戦争と理想

さて、そうした戦闘の法則は、もろもろの社会の進展、すなわち社会がどのようにして最高度の文明に這い上がり、どのようにして退廃していくか、これらを理解するための基礎である。戦争は、乱暴者の問題ではない。そこに英雄と極悪人がいて、前者が、誤りを犯している後者に対する「正しい」あるいは「聖なる」戦争を先導する陣営に属するというようなものではないのだ。プルードンは戦争が次のようなものだと明言する。「その本性、理念、動機、公認の目的、形態の顕著な法的傾向ゆえに、単に、一方が他方よりも不公正なわけではないというだけでなく、戦争は、必然的に、公正で、勇敢で、道徳的で、神聖な二者によるものである。それが戦争を神的な秩序、奇跡の秩序とさえ言いうるような秩序に属する現象にして、宗教の高みへと引き上げるのだ[6]」。こうして、戦争は本質的に道徳的であるが、それは、戦う相手のほうも大義を主張していることを知っている戦闘員が道徳的であるのと同じである。したがって、敵に対していささかの憎悪も軽蔑も存在せず、「反対に、戦闘員は敵を敬い、戦場の外では手を差し伸べるのである[7]」。それゆえ、戦争には暗黙的ではあるが神聖な名誉の掟[*1]があり、プルードンの考えでは、それに違反することは、特段に犯罪的である。こうして、「敵を侮辱する軍人、禁じられた武器を用いたり、信義上許されない手段を用いたりする軍人は、不忠な軍人と呼ばれる。そうした軍人は〔単なる〕人殺しなのだ[8]」。プルードンはこの点について妥協することはない。人間の尊厳は戦闘において感じられるのであり、道徳感覚は過ちを犯さなければ強化されるのだ。「悪は、殺し殺されることにあるのではなく、卑怯に下劣に生きることにある[9]」。ここでプルードンは、平和主義者に照準を合わせているが、彼らは、隷属・恥辱を代価に、どんな譲歩・取り引きでもしようという態勢が整っている人々なのだ。だが、「こうした善良な、平和をもたらす人々は、一つだけ忘れている。それは、宗教・祖国・自由・社会制度は妥協の対象となる事柄ではなく、取り引きを考えるだけですでに背教、誰も主導権を握ろうと思うことがありえないような減退の徴だということである[10]」。自由と正義は生命に勝る。あるいは少なくとも、生命は人が自らの尊厳のためならば戦うというかぎりでしか生きるに値しない。以上のことから、彼は自発的隷従を厳しく非難する。一国民が「自らに与えた支配者の前で自尊心を欠くのなら、エゴイズムと卑怯さが心の中で公共精神を抑圧してしまったのなら、淫蕩と無気力が家族に浸透してしまったのなら、富だけが追求され、大衆の目から見て、それが憲法や法律の尊重よりも価値あるものになっているのなら、このように堕落した国民は自由である権利を失ったのである。つまり国民を鎖につなぐ権力は、恩知らずでも不実でもなく、正義をなしていることになるのだ[11]」。ここでのプルードンの厳しい非難は、国民にのみ当てはまるものではない。著作全体を通じて、こうした不透明な関係、共犯的とさえ言える関係への同じ批判が端々に見出されるが、こうした関係によって主人と奴隷は統合されうるのだ。すなわち、「貧困のうちに生きる人は、〔…〕その主人の堕落を共有する[12]」。それゆえ、彼は一部の社会主義者、プロレタリアを英雄的主体に仕立て上げて物神化しようとする社会主義者を警戒する。彼の考えでは、プロレタリアは奴隷のような存在なのだ。「私が消滅させたいのは悪であり、私が香《こう》を捧げる相手は神ではありません[13]」。

このようにして、戦争が時に自由を予防ないし征服する条件であるとしても、それはまた宗教と正義を受胎させもする。戦争は「あらゆる宗教の中でも最も古いものであり、かつ最後の宗教であろう[14]」。そして彼は付け加える。「戦争を、近くからであれ遠くからであれ理想を創造するための不可欠の条件にする秘密の関係、これを消去するなら、直ちに人間の魂が至る所で堕落し、個人的・社会的生が耐えがたき凡俗に襲われるのを見ることになるだろう。戦争が存在しないなら、詩が戦争を発明することだろう[15]」。プルードンによれば、宗教の土台と形態、つまりは教義と祭礼を決定するのは戦争である。聖職が作られたとき、僧侶は軍人である氏族長の補佐役であり、その任務は戦闘の前後に虜囚を生贄として捧げることにあった。戦闘前は神の愛顧を得るため、戦闘後は神に感謝するために。「アラビアの砂漠の奥地で、ケルティカのコナラの森の中で、神への賛歌は軍歌にほかならなかったのだ[16]」。そうした未開の時代は終わった、少なくとも部分的には終わったとか、単なる恐怖ではなく愛の宗教が存在するとか、そうした議論は最初の公準を不問に付すようなものでしかない。最初の公準は、戦争が宗教と一体であることの肯定にこそあったのだ。また、そうした議論は、情け深い神、生贄として人が捧げられるのではなく賛辞が捧げられるような神を想定するが、次のことを理解していない。すなわち、「感謝《グラス》の祈りが凱旋の歌と同じものであること。戦争だ。恩寵《グラス》、あるいは天から与えられる助けは、自然的・社会的貧困、社会構成員の不和、良心の分断〔が先立って存在していること〕を意味する。やはり戦争なのだ[17]」。最後に、そして最重要の点だが、戦争は法《ドロワ》[*2]＝権利を生み出す。というのも、戦争は裁き手であるからだ。それゆえ、軍人は「法＝権利の防衛、犯罪の処罰、弱者の保護のために聖別される。こうしたことが社会における正義の最初の形態である[18]」。そこから一揃いの法＝権利全体が生じる。戦争の法＝権利と平和の法＝権利（戦闘の規則と紛争の解決）、万民法（好意的和解によって宣戦布告を予防するための諸力の評定、および万が一の場合の武力紛争の規則）、公法（各人の権利と義務を組織化することによって、個人による共同体や個人への攻撃全体を予防することに存する）、民法（労働、交換、居住、等々の権利のような、人間および市民の権利の総体から構成される）、そして経済法（競争の権利によって規制される労働と交換を包括する）である。

III　戦争への敵対

けれども、プルードンはこの著作の第二部で、「人類はもはや戦争を望んでいない」と告げる。ここで、プルードンが戦争という語に付与したと言えるいくつかの意味に留意すべきである。流血を当然予想させる物的な戦争、武器を使用する戦争が問題になる場合もあれば、敵対という社会法則としての戦いが問題になる場合もある、というように。彼が歴史上の進歩の要因として戦争について語るとき、同時に両者の意味で理解しているが、そうした理解によって彼が、自由で公正な人間が後者の意味での戦争を全面的に実現するために、少しずつ前者の意味での戦争から解放されるべきだと考えることは妨げられない。プルードンが提唱する変形は二つの秩序、すなわち政治的秩序と経済的秩序に属する。「われわれは二つの事実、略奪と征服について確認したが、略奪は戦争の原因となる大衆的貧困に対応し、征服は戦争を正当化する国家理性に対応する。理論上、両者は截然と区別されるが、実際上、両者は絶えず協力して歩み、互いに利用し合う[19]」。国家と所有の絶対主義によって秩序化された政治と経済は、それゆえに両者とも、拡張主義〔領土拡張主義と経済成長主義〕と暴力によって特徴づけられる現象としての戦争の永続化に結びつく。しかるに、正義の漸進的発展を可能にした（国家、権利、文明、等々の形成によって）という点で、プルードンが戦争に道徳的要素を見出すとしても、経済的原因が戦争を擁護できないものにすることには変わりがないのだ。それが、貧困を生み出す不公平・不均衡に結びついているからである。「戦争は改革しえない。なぜなら、その第一原因が不純だからであり、その政治的動機が正当であっても経済的思考の卑劣さをなきものにはできないからであり、また常なることとして、戦争に加わる二つの力能のうちの一方のせいで、大抵の場合は両者のせいで、戦争に不正な原理が紛れ込むからであり、この不正な原理は戦争の本質を歪め、戦争から信義を永久追放するからである[20]」。戦争が改革できないさらなる理由は、それ自体が絶対主義的で戦争に結びついている国家は、自らが衰弱することなしに改革に達することはありえない、というものである。変わりうるものと本質をなすものとは相反するのだ。同様に、経済を改革することによって国家が戦争の姿を変えるのではない。というのは、所有も国家も集合的力能の独占によって生き存えるがゆえ、所有の絶対主義を非難することは、国家それ自身を非難することだからである。それゆえ、戦争を改革するのではなく、経済的・社会的革命によってそれを変形しなければならないのだ。その革命は、もろもろの集合的存在がそれぞれの力と能力行使を再発見することを可能にし、実り多き戦いにおいて集合的存在同士が均衡し、それぞれ際立つことを目的とする。したがって、プルードンが敵対と紛争の理論の中に保存しようとする道徳的要素が戦争に含まれるにしても、国家と所有に体現される〈絶対者〉の現象をなすという点で、戦争は人類にとって有害なものにとどまるのだ。

戦争はその道徳性によって正当化されると言われる。——その通りだ。その理念である力の権利に関しては。それから、力の権利の行使が想定する目的、つまり文明の進歩という目的に関しては。だが、戦争の原因とその実践に関しては、否だ。前者は、戦争の管轄によっては修復できない無秩序を責めるからで、後者は、敵対の法則そのものと完全に相容れないからである。敵対の法則は、諸力が互いに打ち消し合うことによって、互いに修復し合うことを要求するのだ[21]。

戦争の変形は、その最も解放的で最も理想的な原動力を保存することを意味し、ということは戦争の破壊的側面を除去するために社会関係の総体を変形することを意味する。「私は、戦争の廃止を信じるのではまったくなく、その変形を信じる。そして、そのことによってのみ、宗教、思想、権利、政治、芸術、労働、家族および都市での人間関係に関わるすべての点についての人類の境遇の全面的刷新を信じるのである[22]」。このとき、敵対の法則がきちんと理解されれば、文明化された紛争を許容する平和に組み込まれ、社会は、いまや自由になった集合的諸存在の活力を借りて、人間がけっして完全には認識することのできない正義にますます接近する。このようにして、「敵対の変形は、その定義、運動、法則に、さらにはその目的に由来する。実際、敵対は純粋・単純な破壊、非生産的な消費、絶滅のための絶滅を目的とすることはない。それは、常に上位の秩序や、終わりなき改善を生み出すことを目的とするのだ[23]」。戦争の闘争的平和への変形は、全面的連邦主義によって可能になるが、それはプルードン哲学の政治的到達点をなす。それを彼は次のように要約する。「平和を保証するためには、もろもろの社会的活力を永遠の対立状態に置かなければならない[24]」と。

Ⅳ　戦争の変形

プルードンは、戦争にも歴史があり、歴史を理解すればするほど戦争から抜け出せる、あるいは少なくともそれを変形できると考える。一六四八年のウェストファリア条約は、国家同士がそれぞれの領土における主権を相互承認することによって三十年戦争を終わらせたが、その大変革は、諸国家が互いに吸収し合う普遍的君主制の観念に終止符を打ったことにある。それ以来、「諸大国《ピュイサンス》の多元性を原理としていくことが受け入れられ、大国の平等ないし均衡によってそれができるかぎり維持された」[25]。ウェストファリア条約は、均衡の事実的構成をはるかに超えるものだった。プルードンは、その重要性が、万民法として具現化した一種の知的革命のうちにあると考えた。ウェストファリア条約以来、「多元主義」の理念が国際関係を特徴づけるようになったが、それは諸国家の内部をも変形し、民主化し、連邦化しうる理念なのだ。

かつてカール大帝の協定によって確立した統一性の原理に代わって、もろもろの主権的力能《ピュイサンス》の多元性の原理、言い換えれば、人道主義的な集合性[*3]を、均衡によって保護されるもろもろの独立国家へと分割する政治・経済学的法則が、宗教改革後、万民法のうちに導入されたが、その原理は、本質的に連邦主義的であり、文明化の流れを変えた。はるかな高みから下りてくるその影響は、長きにわたり、文明の存在するかぎりの至る所で、内部の統一性、あるいは国家の中央集権を必ずや変形させるのだ。フランス革命は、ウェストファリア条約のこの伝統を取り戻すべきだった。われわれが、どのような情勢的宿命によって、八九年〔正しくは一七九〇年〕の市民連盟を、一にして不可分の共和国に変えてしまったのかは周知のとおりである。その点で、われわれはカール大帝やその子孫にもましてカトリック的になり、教皇主義者になってしまったのだ。[26]

それでも、プルードンは、一八一五年の条約に、〔諸国家間に関しての〕ウェストファリア体制からの連続性と諸国家内部の民主化への推進力を見る。こうして、彼はウィーン会議で新たな原則、すなわち政治的構成の原則が確認されたことを認める。「ウィーン会議は、一方で、自らの領土への権利を主張する君主たちの要求、他方で、憲法を求める人民たちの要求、これらに同時に応えなければならなかった[27]」。プルードンの考えでは、内部と外部のあいだに作られるこうした密接な関係は、新しい政治形態を導くのであり、そうでなければヨーロッパ内戦と呼ぶべき事態に陥ることになる。したがって、

〈公法〉、あるいは各国に固有の〈政治的法〉、および〈万民法〉は、ウィーン条約によって唯一の同じものとなったし、ますます一体化していく傾向にある。いまやすでに、二国間の戦争がヨーロッパ全体の裁判権の管轄下となり、一国内での暴動の鎮圧としてしか捉えられなくなる日が

来ることを予想できる。反乱、内戦、対外戦争、これらはすべて一つのものとなるのだ[28]。

戦争がウェストファリア条約で保障された諸大国の均衡によって制限され得たなら、ウィーン条約によっては、次のような考えを伴って、なおのこと制限される。すなわち、諸人民は、自らの政府がもつ好戦論的野望を抑えられるという考えであり、この考えが、帝国に対抗する人民による自己決定の可能性を導く。この点で、オーストリア帝国に対するイタリアの反乱はウィーン条約の精神に合致している。オーストリア帝国が、条約によって割り当てられた領土を失ったにしても、である。しかしながら、プルードンは、民族自決主義を、他のあらゆる考慮事項に優先する均衡の尊重の下位に置く。こうして、彼はイタリアのナショナリズムの野望を、オーストリア＝ハンガリー帝国とフランス帝国を犠牲にして国民国家を拡張するものとして非難するのだ。要するに、プルードンは、具体的状況を考慮することなく抽象的規範を型どおりに適用することに反対するのであり、「民族自決主義のお話にならない適用」にこう言及している。「それは、フランス帝国、オーストリア帝国、カトリック教国全体にとってなおさら承諾できない状況を作り出すもので、人民にも思想にも利益をもたらすことなく、一般的均衡を危うくするだろう[29]」と。そうした均衡は、正義でしかありえないような正当性からその力を引き出すのであり、当の均衡の再構築を要求できるのもまた正義なのである。すなわち、「均衡は正義そのものである。それは、いわゆる自然的国境や民族性が存在するにもかかわらず成り立つ万民法である。そうした均衡がもはや条約によって保障されないということがありえたとしても、それは自らによって作り直されるのであり、いかなる力能もそれを邪魔できない」[30]。言い換えれば、諸人民の自律性は、布告されるものではなく、主体それ自身による行為の結果でなければならない。たしかに諸国家のあいだの不平等は存在しうるが、国家内での主権の配分がその不平等を部分的に中和しうるのだ。「諸国家の均衡の法則、各国家内での均衡の法則、これらは〔ウェストファリア条約と総称される二つの条約のうちの一つが結ばれた〕ミュンスターおよびウィーンでの討議から生まれた二重の考えである。今日、三つ目の考え、これら二つから論理的に演繹され、これらを補完し、正当化する考えが必要である」[31]。すなわち、連邦主義である。

原注

(1)『戦争と平和』第一巻、前掲、四〇頁。
(2)M・ロラン宛の手紙、一八六一年六月一〇日。
(3)「ルイ・ブランに関して」、新聞『人民の声』、一八五〇年一月八日。
(4)『戦争と平和』第一巻、前掲、四一頁。
(5)同、二一頁。
(6)同、三九頁。
(7)同、九一頁。
(8)同、六四頁。
(9)『戦争と平和』第二巻、アントニー社、トップ&H・トリンクィエ版、一九九八年、一五六頁。

(10)『戦争と平和』第一巻、前掲、二〇五頁。
(11)『戦争と平和』第二巻、前掲、一七五頁。
(12)『経済的諸矛盾の体系』第二巻、前掲、一七頁〔=邦訳、(上)四九六頁〕。
(13)ベレー宛の手紙、一八六一年一〇月二五日。
(14)『戦争と平和』第一巻、前掲、八四頁。
(15)同、五五頁。
(16)同、四五頁。
(17)同、四六頁。
(18)同、六七頁。
(19)『戦争と平和』第二巻、前掲、一一八―一一九頁。
(20)同、一二三頁。
(21)同、一六五頁。
(22)『戦争と平和』第一巻、前掲、五八頁。
(23)『戦争と平和』第二巻、前掲、一六四頁。
(24)『革命における正義と教会における正義』第二巻、前掲、三八四頁。
(25)『一八一五年の条約はもはや存在しないか』、パリ、マルセル・リヴィエール社、一九五二年、三六二―三六三頁。
(26)同。
(27)同、三六四―三六五頁。
(28)同、三六八頁。

(29)同、三九一―三九二頁。
(30)同、三九三頁。
(31)同、四二七―四二八頁。

訳注

＊1かつて主に貴族同士でおこなわれた、裁判の代替としての決闘を念頭に置いた言葉である。著者にはカール・シュミットについての研究もあるが、シュミットは、『大地のノモス』(一九五〇)で、一八四八年のウェストファリア条約以降、ヨーロッパの国家間の戦争が、「正しい敵」同士の決闘に似たものになったと指摘した。本章の議論は、そうした議論へのプルードンの影響を示唆しているものとして読める。なお、第一章の所有批判の議論で、プルードンがキケロを引き合いに論展開している箇所が引用されたが、敵(他国者)とのあいだにも信義あり、としたキケロ以来の自然法論の伝統はプルードン思想の背景の一つになっている。

＊2本書において、droitの語はほとんどの場合、「権利」と訳しているが、この語は「法」と「権利」の両方の意味をもつ。「法」と訳されるフランス語にはloiもあるが、その語が科学などの「法則」の意味を有するように、人間の意志から離れたところで定まっている、というニュアンスを帯びる傾向にあるのに対し、droitの場合、法と権利が同時発生的である場合に用いられる傾向が強い。今の文脈で、「権利」とだけ訳すと、そのニュアンスが消えるため、「法＝権利」と訳し、「万民法」(droit des gens)はか術語として定訳のある言葉についてはそれに従った。

＊3原語はhumanitaireであり、一般的訳語を当てたが、プルードンは初期以来、ラテン語のhumanitas(人間性)の概念を重視しており、「互いに敬意を表し合えるかぎりでの人類全体において成り立つような」というニュアンスである。

第一〇章　連邦主義について

I　アナーキーから連邦主義へ

プルードンがアナーキーから出発して連邦主義に至ったのは、論理的な帰結であるが、その連邦主義の骨格は、一八六三年の『連邦の原理』で述べられた。「一八四〇年、私は、政府至上的考えに対する批判の結論として、アナーキーから始めたのですが、それは連邦で終えねばならなかったからなのです。連邦は、ヨーロッパの万民法に、将来的にはすべての国家の組織化に必要な基礎です。このすべてを論理、権利、自由が支配していることは容易に理解できます。したがって、アナーキー、あらゆる強制の不在が、最高度の社会的徳性の相関項、それゆえに統治の理想だということになるのです」[1]。連邦主義を理論化したのは、プルードンだけではない。彼に先立ち、一七世紀の終わり以来、他の思想家たちがそれを試みてきた。連邦制共和国を支持したモンテスキュー、『永遠平和のために』で「自由な諸国家の連邦」を語ったカント、さらにはヨーロッパ連邦の設立を提唱したサン＝シモン（一七六〇—一八二五）らである。だが、政治的秩序だけでなく経済的秩序にも結びついた全面的アプローチを採用したのはプルードンが最初である。実際、次のように述べられる。「スイスにもアメリカ合衆国にも、組織化された相互性は見出せない。しかるに、一連の相互主義的社会制度なしには、経済的権利なしには、政治形態は無力にとどまり、統治は常に不安定で、偽善である……[2]」。政治的権利には経済的権利が必要で、それは、両者が相互に均衡化するからである。どちらかが欠けると、連邦は暴政または解体へ向かう。したがって、プルードンは、「連邦秩序が資本制的・重商主義的無秩序を保護することにしか役立たないのなら［…］、人民にとっては、連邦よりも帝国的統一のほうがましだろう[3]」とまで述べるのだ。

『連邦の原理』で、彼は、最も権威主義的な体制においてさえ、常にわずかな自由が存在し、逆に最も自由主義的な体制においても、常にわずかな権威が存在するという事実を力説している。社会は、進展し運動しているものであるがゆえに、権威も自由も絶対主義的形態に陥りえないような均衡点を探るのである。こうしてプルードンは述べる。「〈権威〉は、それを認めたり否認したりする自由を不可避の前提とする。政治的な意味での〈自由〉のほうも、同じように、それと交渉し、抑制したり黙認したりする〈権威〉を前提とする。両者の一方をなくすなら、他方はもはや意味をもたない。〈権威〉は、疑義を挟み、抵抗し、あるいは服従する〈自由〉なくしては、意味を欠いた語であり、〈自由〉も、その対重をなすべき〈権威〉なくしては、無意味である[4]」。したがって、連邦主義とは、自由と権威のこうした緊張関係の表現であり、集合の自律性の一般的発展を可能にするものである。この観点からすると、契約は「市民、およびその利害と関係の総体[5]」を包括すべきである。そこで、プルードンは社会学的実在に根ざした多元論に由来する連邦主義を提案する。社会の中に集団は数多く存在し、各個人はそれら集団のいくつかに所属するということを実際に確認しつつ、である。地球は、大陸、国、地域圏《レジオン》、州《プロヴァンス》〔や県〕、市町村《コミューン》、地区《カルティエ》に分けられている。しかるに、個人は同時にそれらすべての空間の一員であるから、小さな包括的集団にも、より大きな集団にも位置をもつ。ある市町村の全住民は同じ地域圏の一員だが、ある地域圏の全住民は同じ市町村の一員ではない。各集団は、それ自身および他の集団との関係によって定義されるが、交換関係においてであって、国家体制下でそうだったような従属関係においてではない。だからといって、プルードンの連邦主義が非妥協的な個別自治主義によって蝕まれるという意味ではない。たとえば、〔統一的〕度量衡制度を廃止しようなどというのは不合理だろう。たしかに、重要なのはそれぞれの集団が自主統治し、自らにふさわしい規範を生み出すことだが、問題がその能力を超えるときには、〔現在のＥＵで採用されているような〕補足的機能限定原則が働くべきであり、問題はそれに適した上位の水準で解決されねばならないのだ。このようにして、上位の全体において連邦化する各集団は、自らに関係する討議や決定に参加する。自由のいかなる譲渡も考えられない。あらゆる白紙委任は、集合の権限を横領するものであり、不当である。せいぜい可能なのは、〔他集団との〕妥協を容易にするために命令的委任を与えることぐらいである。それぞれの集団は自律的なのだから、まずは〔集団内の〕各個別者の必要と願望を満たすという順序で、連邦をなす他の集団と妥協しなければならない。それゆえ、連邦主義は下から上へと構築される。なすべき決定に関する全体が何であるかに応じて、（個人を起点とする）〔より〕基礎的集団が、地区、市町村、県、等々において遂行すべき政策について討議し、決定するのである。それでも、市町村が連邦の仕組みにおいて中心的位置を占めることに留意することが重要である。市町村は、人に即した規模での政治的単位をなし、歴史において本物のデモクラシーのための最良の条件を満たすことを証明してきたのであるからだ。プルードンは市町村について、次のように理解している。

市町村は、人間、家族、知的で道徳的なあらゆる個体や集団のように、本質的に主権的存在である。この資格によって、市町村は自らによって統治・運営・課税する権利、財産や所得を処分し、若者のために学校を作り、その教師を任命し、行政組織を作り、憲兵隊と国民軍をもち、裁判官を任命する権利、そして自らの新聞、集会、特殊団体、専売所、標準価格、銀行、等々をもつ権利を有する。市町村は、条例を作り、命令を下す。市町村が自らに法をも与えること、誰がこれを邪魔するだろうか。[…]ここにこそ市町村の何たるかがある。というのも、ここに集合的生活、政治的生活とは何かがあるからだ。(6)

自主統治にあたって自然的能力を発揮する各集合は、こうして自らの必要について最もよく知ることができ、また経験によってその判断や決定を研ぎ澄ますことができる。プルードンは、選挙が国家の一元論を正当化するとき、それを厳しく批判したのだったが、〔連邦主義における〕選挙は、社会的多元主義を表現するためにあらゆる水準へと一般化される。こうして、予算・租税・財政は、まずは市町村や小郡によって議決され、ついで、より広範な全体とのあいだでの契約的合意の対象となる。裁判を受ける人は裁判官を選び、裁判官は控訴審裁判官を選ぶ。兵士たちは下士官を指名し、下士官は士官を指名する。さらに、司祭たちは司教を選出する。そうすることによって、かつて国家の専断に属していたあらゆる国家的事業は、いまや人民の制御下に戻る。〈学校〉は教育と見習いが相伴う場所となって教会からも国家からも切り離され、防衛は小さな町に属するものとなって戦争の場合にのみ連邦の権威に属するものとなる、等々である。「選挙による綜合は、理論上だけでなく実践上も、生み出されたすべての体系を内包しなければならない。選挙の基盤として、人口だけでなく、同時に領域、財産、資本、産業、自然的集団、地域圏という集団、市町村という集団を認めるべきである(7)」。

II　社会秩序の表出

プルードンの連邦主義の独創性は、経済的連盟主義《フェデラリスム》を政治的連邦主義《フェデラリスム》に結びつけることによって、本物の社会的デモクラシーを創始するところにある。社会的デモクラシーの可能性に関しては、このブザンソンの思想家の生涯の終わりを際立たせたエピソードに立ち戻ることが重要である。一八六四年三月の補欠選挙の折に、〔もともと彫金工の組合運動家〕アンリ・トランは、プルードンを拠り所として、労働者候補を立てた。この運動は、「〔セーヌ県の〕六〇人の〔労働者〕宣言」の発表に帰着した。それは、普通選挙が労働者階級を政治的に自立させたとして、社会的にも自立させることが必要だと主張する。プルードンは、候補者を後押しするよう促された。そのため彼は、二度にわたって応答することになる。まず、一八六四年三月八日の労働者たちへの手紙において、ついで、そして特に、彼の未完の政治的遺言となる『労働者階級の政治的能力』において、である。同書は、同時代の労働者運動に対して最重要の影響を与えることになる。彼は、そもそも議会に労働者階級の代表が足りないことには同意したが（彼はプロレタリアの構成における多元性を力説し、中産階級と同盟可能であるはずだと考えた）、それでも労働者候補たちを後押ししなかった。実際、彼は労働者の分離の能力に、ひいては棄権に訴えたのである。労働者は自分たちによってしか解放されえず、それは経済的搾取と政治的支配を免れた社会の基盤を構成する新しい社会制度を創出することによってなされるのだ。そこで、彼は次のような形でいくつかの基盤を築く〔べきだと述べる〕。企業は、それに参与する人すべての所有物になって、各労働者は利益の分け前を獲得したり、同僚と共に損失を被ったりすべきである。さらに、経済的連帯は討議の共同性を相伴い、各労働者は決定に参与すべきである。自由の条件である責任は全員に共有され、もはや経営者に独占されるのではない。「所有に適用される労働の責任は、所有を新しい権利に、もはやかつての権利とは原理〔個別性という原理〕と、おそらく名前しか共有しない権利に変えることだろう」(8)。プルードンの考えでは、実際、「責任は、少なくとも潜在的には社会体のあらゆる部分に存在する。もはや、それを宣言し、実効的で正規のものとすることだけが問題である」[9]。このようにして、市民による領域的集団の自主統治によって実現する自律性の原理は、労働者による企業の自主管理にも見出される。プルードンの特異性の一つは、大企業を経営するこうした労働者「評議会」を理論化したことにあるが、それはもはや単なる生産の場ではなく、デモクラシーの場、具体的自由の形成および実現の場なのである。こうして、「農工連盟」においてもろもろの生産消費組合が形成されるが、それらの組合は、労働者と消費者の自律性によって、現実の経済的必要を満たす秩序を構成できるようになる。したがって、国家が計画的に組織するのでも、資本主義市場が生産を規定するのでもなく、連盟をなす当事者自身が、全員の具体的意志の表現であるべき柔軟な計画を練り上げるために諸観点を突き合わせること、それが連盟によって可能になるのだ。こうして、この連盟は予測統計と生産計画を作成するに至るが、それは政治的連邦の協力なしにはなされえない。もろもろの企業（労働者アソシエーション）は領域的全体のうちに設置されるのだから、それらが一般的な経済政策を決定するためには、領域的全体（つまり、他のもろもろの生産者および消費者市民）と妥協する必要がある。個人が属する集団のそうした多様性によって、個人は〔単に代議士選出において一票をもつのとは大きく異なり、一人で〕多数の票を投じられるようになるが、これは社会的多元主義の帰結である。こうした次第で、国民レベルでの連邦議会は地方院と職業院からなり、前者は州の数と同じだけの代議士を抱え、後者はもろもろの職能集団によって構成される〔ということになる〕。

III 平和の条件としての連邦主義について

プルードンの連邦主義は、集合の自律性とその自由な協力を可能にすることで、社会の現実に適合する秩序を実現しようという必要性に応えている。この観点からすると、「政府は社会の校長のような存在、人民の見張り番にほかならない。あるいはむしろ、政府はもはや存在しない。というのも、かつては政府が寄せ集めていたもろもろの機能はすべて、分立と集中化の進展によって、あるものは消え、あるものは政府の主導権を逃れ、ということになるからだ。つまり、アナーキーから秩序が生まれたのだ[10]」。連邦の全体は自身によって統治され、唯一、連邦の頂点に、国民勘定の仕組みの力を借りて諸集団の調整をおこなう責を負う行政機関、および一切の政府至上的中央集権制への逆戻りを防ぐ責を負う司法官職だけは存続する。だが、諸集団は最大限の自由と相互保証を発展させる連邦において互いに均衡化するので、逆戻りが起こる可能性はほとんどない。あらゆる帝国主義の企ては、それぞれの自律性の尊重と発展に立脚する連邦協約によって結びついた集合的諸存在の連帯ゆえに失敗させられるのだ。さらに、連邦体制は、大衆の情念と〔自己破壊的な〕欲動に終止符を打つ。もはや社会的原子化〔=個人単位化〕も政治的・地理的中央集権化も存在しないからだ。自律的な市町村は、もはや首都に従属しない。「こうして連邦は、人民の救いになる。連邦は、人民を分割することによって、同時に人民自身の指導者たちの暴政と人民自身の熱狂から人民を救うからである[11]」。すると、要するにプルードンの連邦主義においては、「労働者はもはや、共同体という海原に呑み込まれた国家の奴隷ではなく、真に主権を有し、自分自身の発意と個人の責任のもとに行動する自由な人間である。［…］同様に、国家、〈政府〉はもはや主権者ではない。ここでは、権威は自由に対立するものではまったくないのだ。国家、政府、権力、権威、等々は、別の観点から自由そのものを指し示すのに用いられるもろもろの表現、かつての語法から借用されたもろもろの一般定式であり、ある場合には、個別的利害の総和、連合、同一性、連帯を指し示すのである」[12]。最小の実体（個人）から出発することによって、連邦は普遍的使命をもつ。つまり、徐々に人類全体に広がらなければならない。それこそが人類の「政治形態[13]」だからである。この点で、連邦は、諸国家からなる統一的連邦国家や、人類の公権力を独占する世界政府と混同されてはならない。常に集合的諸存在の自律性の表現であるべき連邦の連邦、それ以外は問題になりえないのだ。中心は「至る所にあり、周縁はどこにもない[14]」のだから、税関は廃止されて（これは経済革命を必然的にもたらす）、人々は自由に往来できるようになる。自己決定の原則の名のもとに、プルードンは、あらゆる集団に離脱する権利をしぶしぶ認める。それゆえのこととして特に、彼は一八六一年から一八六五年にアメリカが体験した南北戦争の際、南部連合派を支持することとなった。しかしながら、アメリカの政治上の布置は（常に中央の権威と資本制的経済体制がある）、プルードンが提唱するものと同じではなく、彼は、連邦への所属がもたらす利点が、離脱しようとする集合的存在を思いとどまらせるはずだと信じ続けるのだ。

さらに、プルードンの連邦主義は、民族自決主義が、戦争につながるのではないようなアイデンティティの美徳を取り戻すべく、それを解放しようとする。実際、それまでは、民族性は国家の中央集権や領土拡張を正当化するための政治的操作の対象であり、時に人工的な仕方でそれらをなすことに一役買うこともあったのだ。反対に、連邦主義においては、「民族や風土の影響が再び支配力を得て、法の解釈、ついで法の本文において、違いが少しずつ気づかれるようになる。地域的風習が立法上の権威を獲得するのだ。結果として、もろもろの国家は、自らの特権に立法上の特権を加えることになるだろう。そのとき、現在のフランスでは多かれ少なかれ専断的・暴力的に融合させられている民族性が、素朴な純粋さと独自の展開の相貌で現れるのを見ることだろう。それは、今日あなたがたが称賛している空想の像とは大いに異なるものだ[15]」。プルードンは、その著書『連邦の原理』の終わりで〔正しくは、その数年前の手紙で〕、第一次世界大戦の五〇年前に、あえてその予言者たることを厭わず、ヨーロッパは次のような方向に進んでしまっていると述べている。

五つか六つの大帝国の形成です。それらはすべて、神授権の守護と再建、および下層民の搾取を目的とします。かつてポーランドがそうだったように、小さな国々がまず犠牲になります。そのとき、ヨーロッパにはもはや権利も自由も原則も習俗も存在しないでしょう。そしてまた、そのときには六つの大帝国同士による大戦争が始まることでしょう[16]。

原注

(1)ミレー宛の手紙。ピエール・オプマン『プルードン、一八四九―一八五五』、パリ、ボーシェヌ社、一九八二年、二一八頁より。

(2)『労働者階級の政治的能力』第一巻、前掲、二一〇―二一一頁(=邦訳、二二四―二二五頁)。

(3)『連邦の原理』、前掲、一一五頁(=邦訳、四〇四―四〇五頁)。

(4)同、四八頁(=邦訳、三三二頁)。

(5)『一九世紀革命の一般理念』、前掲、一三四頁(=邦訳、一二三頁)。

(6)『労働者階級の政治的能力』第二巻、前掲、二七九頁(=邦訳、三〇五―三〇六頁)。

(7)『政治的諸矛盾』、パリ、マルセル・リヴィエール版、一九五二年、二七五頁。

(8)『人類における秩序の創造』第二巻、前掲、七一頁。

(9)同。

(10)『革命家の告白』、前掲、一九七頁(=邦訳、二七二頁)。

(11)『連邦の原理』、前掲、一一〇頁(=邦訳、三九九頁)。

(12)『労働者階級の政治的能力』第一巻、前掲、八七頁(=邦訳、一三六頁)。

(13)『革命における正義と教会における正義』第二巻、前掲、二二八頁。

(14)『革命家の告白』、前掲、一九七頁(=邦訳、二七三頁)。

(15)『連邦の原理』、前掲、二四三頁(=邦訳では割愛されている箇所)。

(16)C・ベレーとM・グーヴェルネ宛の手紙、一八六〇年五月三日。

結論　プルードンを超えるプルードン

晩年、プルードンは、生涯を総括しようとしていた。

私は歳を取りましたたし、そう認識せざるをえません……。自分の考えを要約し、非常に短い頁数で、明瞭かつシンプルに、私の望むこと、私の考えること、私が何者であるかということを述べようと考えています。私はたくさん仕事をして、たくさんの不手際と誤りを犯しました。私は、少しは学びましたが、非常に無知なままです。私にはいくらかの才能があると思いますが、その才能は不完全で、切り立った崖のようで、むらがあり、切れ目や不注意に満ち、節度もなく、脇道だらけのものです……。私は大衆作家や思想家として半人前でしかなかったということになりましょう。ほとんど気にしていませんが。けれでも、私は誠実な人間だったと思っています。その点、遠慮なく、あらゆる大作家たちと同じ水準に自分を位置づけているのです。(1)

思想の集大成の計画は日の目を見ることはなく、それは複雑で読み手への要求の多い彼の著作のよりよい理解にとっては不都合なこととなる。そうではあるが、彼の政治的プロジェクトの核心をなしえている一節として、『経済的諸矛盾の体系』から次の箇所を抜粋する〔ことでそれに代える〕という試みをしてもよいだろう。「権力を抑止し、縮減するため、権力を社会の中のあるべき場所に置くためには、権力の受託者を変えることや、その術策にいくらかの変化を生じさせることは何の役にも立たない。必要なのは農工の結合を探ることであり、その力によって、現在のところ社会の支配者である権力は、その奴隷になるのである(2)」。

死が近づいていることを感じながら、彼は、真に誠実な人間の遺言になると考えていた原稿を書き進めた。〔彼は以前にこう述べていたのだ。〕「国や〈人類〉に仕えること、人の命を助けること、善いおこないをすること、不正義を矯正すること、告白と涙によって犯罪から立ち直ること、これらすべては、生み出すことである。それは、社会生活において自らを再び生み出すことであり、父になることによって有機体としての生において自らを再び生み出すことと同様である。このような言い方をよしとするなら、それはほとんど自らを〈神性〉に参与する者にすることだと言いたい。〔……〕ここに死の何たるかがある。それは、身体的・知性的・道徳的実存の絶頂に達した被造物の最後の愛の行為であり、父のような口づけで魂を返すことなのである(3)」。それゆえ、人間にある種の不死性を与える三つの主要条件を満たすとき、人間は自らの生に満足しうる。何よりもまず、愛と家族の力によって、子孫を残すことが必要で、それは肉体の相続である（これは自らの存在の「延長」にほかならない）。

次に、労働によって、自然に対する働きかけを通じた自らの存在の永続化をしなければならない（自然の法則を発見することによって、徐々にそれと結合するはずである）。そして最後に、社会生活に参与することによって、できるかぎり人類の進歩に貢献しなければならない。これらの「条件が満たされるなら、実存は十全になる。それは、祝祭、愛の讃歌、永遠の熱狂、終わりなき幸福の頌歌である。その合図がいつ与えられようと、人間は準備ができている。なぜなら、人間は常に死のうちに、つまりは生と愛のうちにあるからだ」[4]。プルードンが知りえた最も美しい死、それは「英雄」でも「天才」でもなく、「素朴な職人」だった彼の父の死である。六六歳のとき、生涯にわたって貧しい中で働き続けた彼の父は、終わりの日が近いことを感じていた。そのとき父は、質素な夜食をとったのち、別れを言うために親族や友人たちを招いた。彼は救霊の祈りを捧げ、軍役で夭逝した息子の一人に思いを寄せ、子供たちをずっと貧しいままにしていたことを悔い、そんな中でも彼らに抱き続けてきた愛を言葉にした。最後に、家族の一人が、彼を安心させようと思って、死はすべての終わりではないと語りかけたのに応えて、父はこう締めくくった。「私にはそれが何であるかは分からないし、少しも考えておりません。恐れも願望も感じていません。愛する人たちに囲まれて旅立てます。私の心の中にこそ天国があります」[5]と。

　プルードンは、一八六五年に没した。その六年後には、パリ・コミューンが蜂起する。一八七一年三月二三日に、国際労働者協会〔＝第一インターナショナル〕フランス連合評議会パリ支部および労働者協同組織連合評議会によって起草された声明文は、コミューンの独立を宣言し、わけても、「労働者にその労働の価値全体を保証するための信用・交換・アソシエーションの組織化」を主張した。プルードンの教説が、ますますの成功を手にするのはコミューン後のことで、とりわけ社会主義運動や労働組合運動においてのことだった。一八九五年には、労働センターと組合が連合し、革命的サンディカリスムの原則に立脚した労働総同盟〔CGT〕の設立に帰着するが、その原則は一九〇六年の〔CGT第九回全国大会で決議された〕アミアン憲章で明文化される。そこで特に、労働者の自律性というプルードン的原則が主張されたのだ。労働者運動へのプルードンの影響は、フランスに限られたことではない。実際、スペインでの一九三六年の革命の際に決定的役割を果たすことになるアナーキズム運動にもその影響は見られるし、それだけでなくラテンアメリカ、さらにはロシアにもその影響が見られる。ロシアでは、特に〔プルードンとも親交のあった〕ゲルツェン、およびプルードンの理論を引き継いだバクーニン、クロポトキンといったアナーキストのおかげで、彼は大成功を収めたのだった。アレクサンドル・スキルダとジョルジュ・ギュルヴィッチは、一九〇五年、および一九一七―一八年の、労働者の集会によって構成された初期のソビエトに、ある種のプルードン的着想を見た。しかしながら、ボルシェヴィキの勝利は、社会主義運動においてプルードン思想の周縁化が進む重大な原因となった。こうして、マルクス主義の覇権は、あるとき、プチブルの空想主義者プルードンという言い伝えをでっち上げる原因となり、そうした言い伝えは、思想史の多くの著作に今も根強く残っている。こうした言い伝えの起源は、プルードンの著作『〔経済的諸矛盾の体系、あるいは〕貧困の哲学』（一八四六）に対するマルクスの辛辣な応答である『哲学の貧困』にある。プルードンは『貧困の哲学』で、公然と共産主義の思潮を批判した（マルクスの名は挙げなかったが、マルクスは自分が批判対象だと感じた）。マルクスは、主にプルードンの論理的演繹的方法を批判したが、それはマルクスによれば、現実との関わりなき純然たる諸概念に帰着するもので、生産関係の歴史的生成過程を考慮に入れていない。言い換えれば、彼はプルードンを、思考から現実を演繹する観念論であるとして批判するのだが、プルードンが、必然的に概念を経由する現実の説明方法と理解方法を提示しているること、これを見落としたのだ（この方法によって、彼は現実と概念を区別することができたのであり、そこが、弁証法的唯物論の方法と現実とを混同する一定数のマルクス主義者たちとの違いである）。歴史の皮肉――こちらはあまり知られていないが――は、プルードンへのこの批判から一〇年以上も経ってから、マルクスも、ヘーゲルの『論理学』の発見に引き続いて、論理的演繹的方法を獲得し、『資本論』で展開することになるという点である（ヘーゲルの『論理学』の発見という仕事は、もともとバクーニンの役目だったわけだが、そのバクーニンは、未来の、すなわち第一インターナショナルでの彼の大敵になるアナーキストである）。マルクスは『経済学批判要綱』で次のように明言する。「一連の経済学的カテゴリーをその歴史的現実化の順序で提示することは、誤りであり、不適切であろう。正反対に、経済学的カテゴリーの継起の順序は、近代ブルジョワ社会においては、それらの相互関係によって決定されているのであり、これはまさに、見かけ上の自然的順序、あるいは歴史的進展の逆なのである」(6)。ここで、マルクスは、一八四六年にプルードンが提示した考えに追いついたのだ。その考えとは、こうだ。「経済上の段階ないし経済上のカテゴリーは、あるときは同時代的に現出し、あるときは順序が入れ替わった形で現出する。これこそ経済学者がその思想を体系化しようとする際にいつも感じてきた極度の困難の理由である」[7]。加えて言えば、プルードンは、〔彼の入手した〕『哲学の貧困』の余白に、結局マルクスは先を越されて気を悪くしているだけだとメモ書きをする。それはそれとして、この論争の背景では、歴史の長きにわたって対立することになる社会主義の二つのヴィジョンが、しだいに明瞭になる対照をもって輪郭を現そうとしている。無政府主義的社会主義と権威主義的社会主義であり、それらはありとあらゆるニュアンスと派生形を生み出すことになる。

ただ一つの思想運動に閉じこもることから程遠かったプルードンの仕事からは、いかなる学派も生まれなかったし、それゆえ分派や教条なるものとも無縁だった。彼は、非常に多くのアナーキストや一定数の社会主義者、たとえば〔二〇世紀初頭の統一されたフランス社会党の指導者として知られる〕ジャン・ジョレスによって再評価されたが、カトリックの神学者たちから特別の注意を向けられる対象でもあった。たとえば、アンリ・ド・リュバック[8]であり、今日に至るまでの最も完全なプルードンの伝記の著者であるピエール・オプマン[9]である。さらには、一九一一年から一九一四年、彼の名前を冠してこそ、王党派と革命的サンディカリストが結集したアクション・フランセーズの支援を受ける〔右翼団体〕セルクル・プルードンが設立されもした。また、彼の仕事は、一九三〇年代の非順応主義者たちの動き、とりわけエマニュエル・ムーニエの人格主義に着想を与えた。社会主義運動におけるマルクス主義の覇権によって長い衰退期が続いたが、プルードンの思想は、ソ連崩壊以降、再発見されている。さまざまなオルタナティヴの思想と実践、社会的・連帯的経済からコモンズの運動[10]に至るまでの思想と実践に着想を与え、そうすることで、まったく汲み尽くされてはいないそのアクチュアリティを立証しながら、である。

原注

(1)ベルクマン宛の手紙、一八六二年五月一四日。
(2)『経済的諸矛盾の体系』第一巻、前掲、三一一頁(=邦訳、(上)四七一頁)。
(3)『革命における正義と教会における正義』第二巻、前掲、一二九頁。
(4)同、一三一頁。
(5)同、一三五頁。
(6)K・マルクス『経済学批判要綱 経済I』、パリ、プレイヤード版、一八五七年、二六二頁。
(7)『経済的諸矛盾の体系』第一巻、前掲、一四七頁(=邦訳、(上)二三一頁)。
(8)H・ド・リュバック『プルードンとキリスト教』、パリ、スイユ社、一九四五年。
(9)P・オプマン『ピエール゠ジョゼフ・プルードン:その生涯と思想(一八〇九―一八四九年)』、パリ、ボーシェヌ社、一九八二年。P・オプマン『ピエール゠ジョゼフ・プルードン:その生涯と思想(一八四九―一八五五年)』/第一巻:『ピエール゠ジョゼフ・プルードン:その生涯と思想(一八四九―一八六五年)』/第二巻:『ピエール゠ジョゼフ・プルードン:その生涯と思想(一八五五―一八六五年)』、パリ、デクレ・ド・ブルウェ社、一九八八年。
(10)特に、P・ダルドー、C・ラヴァル『コモン』、パリ、ラ・デクヴェルト、二〇一四年、およびE・ジュールダン『コモンズ』、パリ、クセジュ、二〇二一年を参照。

訳者あとがき

本書は、Édouard Jourdain, *Proudhon* (*Que sais-je ?*, No.4248, P.U.F., 2023) の翻訳である。著者の仕事の邦訳が刊行されるのは本書が初めてなので、まずは著者の略歴を紹介しよう。

一九八一年に生まれたエドゥアール・ジュールダンは、二〇〇四年、「諸力の形而上学。プルードン、神と戦争：闘いの哲学」で、グルノーブル政治学院より修士号を取得、それに基づく最初の単著『プルードン、神と戦争』（二〇〇六）を二〇代半ばにして刊行した。二〇〇九年には、プルードンに関する二冊目の単著『プルードン：無政府主義的社会主義』を刊行、その後、『二〇世紀ユダヤ思想家』で知られる哲学者ピエール・ブーレッツの指導のもと、二〇一一年、「戦争と神学のあいだにある政治的なもの。マルクス主義の再検討とカール・シュミットの影」で、社会科学高等研究院（EHESS）より博士号（政治学）を取得した。

それ以降、複数の大学等の機関で研究教育に携わりつつ、極めて――まさにプルードンのように――精力的な著述活動を続けており、二〇二三年九月からは、西部カトリック大学で専任教員も勤めている。単著はすでに一〇冊を超えるが、代表的な著作としては、『アナーキズム』（二〇一三）、『同時代人プルードン』（二〇一八）、『資本神学』（二〇二一）をあげることができる。ジュールダンは、今世紀の代表的プルードン研究者であり、再び注目を集めているアナーキズムについてのフランスにおける代表的理論家の一人である。最近は、特に「コモンズ」についての複数の著書を発表するなど、ますます研究対象を拡大させており、本人曰く、「近年、私は独自の政治理論（アーレントが言う意味での）を練り上げることで、プルードン思想とコモンズのあいだを架橋しようとしています」。

さて、本書は、プルードン思想の多様な面を網羅的に描き出しているというだけでなく、これまでの研究に裏づけられた深い理解に基づいてそれをなしているという点で、プルードン概説書の決定版と言ってよい。だが、そうした利点の裏返しとして、圧縮的な議論展開がなされるので、プルードンにあまり馴染みのない読者には、やや難解な印象を与えるかもしれない。そこで、研究史の概観を踏まえて著者の研究の特色を紹介したうえ、若干の補足説明をして、読解の補助としたい。

まず、研究史。一九世紀のあいだ、理論家としてのプルードンには、主に三つの「顔」があった。一、経済理論家として、一方でマルクス、他方でレオン・ワルラスの批判対象となった。二、本書でも強調されるように、労働運動の理論家として影響力を誇った。三、「アナーキズムの父」として、バクーニンやクロポトキンに先立つ存在として見なされた。二〇世紀になると、加えて、「社会学の創始者の一人」という四つ目の「顔」が重視されるようになり、プルードン生誕一〇〇周年（一九〇九）を迎えようとする頃、最初の「プルードン・ルネサンス」が始まる。代表的研究者は、『プルードンの社会学』（一九一一）の著者セレスタン・ブグレであり、デュルケーム派の社会学者である彼は、社会分業論、社会連帯主義の文脈との関係でプルードンを読解した。

二〇世紀半ば、本書でも言及されるアンリ・ド・リュバック神父と、社会学者ジョルジュ・ギュルヴィッチの二名が、それぞれ研究史を更新する。ド・リュバックの研究書『プルードンとキリスト教』（一九四五）は、四つの「顔」のいずれにも還元されないプルードン哲学そのものと格闘した金字塔であり、反神論（本書第三章）、およびその前提である弁証法（同、第二章）の理屈を解き明かした。他方のギュルヴィッチは、多元主義的・重層的な社会秩序の理論家としてプルードンを捉え、自らの「深さの社会学」の重要な着想源とした。他界直前刊行の『プルードン』（一九六五）は、社会学的プルードン理解を次代に引き継いだ（過去の概説書では、これが最高水準のものである）。

一九六五年は、プルードン没後一〇〇周年でもあり、二度目の「ルネサンス」期にあたる。ソ連の内実が露呈し、西側諸国でも官僚主義的国家への批判が高揚したこの時代、プルードン読解に、当時流行していた疎外論が適用された。日本で、プルードンを疎外論の思想家として理解する傾向が顕著だったのは、この時代の研究を受容したことに由来する。二冊の社会学的研究、すなわちピエール・アンサール（指導教授はギュルヴィッチ）の『プルードンの社会学』（一九六七）、およびジャン・バンカールの『プルードン：多元主義と自主管理』（一九七〇）は邦訳もされた（本書は、後者の邦訳以来、四〇年ぶりのプルードン論の邦訳書である）。しかし、同時代の研究者としては、ピエール・オプマン神父こそ外せない。大部の伝記を著したほか、ド・リュバックの問題関心を引き継いだ複数の哲学的研究の著書を刊行、さらにプルードンの手帖を活字化するなど、以後のプルードン研究に重大な影響を与えた。

やがて新自由主義の台頭、およびソ連崩壊が起こると、プルードン生誕二〇〇周年（二〇〇九）を迎えようとする時期に、三度目の「ルネサンス」が始まる。草稿の解読が進み、ソフィー・シャンボの法学的研究など重要な研究が刊行された。そして、著者ジュールダンである。彼は、社会学的研究の鍵概念だった多元主義、自主管理等を重視しつつも、ド・リュバック以降の、反神論に中心化されたプルードン哲学理解を継承・更新することに力点を置き、研究を推進してきた。彼のプロジェクトは、一言で、二つの流れをもってきた研究史のいずれをも踏まえて、統合的プルードン理解を示すことだと言える。

本書は、著者のプルードン研究の成果を凝縮させたものだが、彼のこれまでの研究には二つの特色がある。一つ目は、力の対立・均衡のダイナミズムをプルードン哲学の根幹として位置づけるという最大の特色。著者は、最初の著作以来、それまで十分な研究がなされてきたとは言いがたい後期著作『戦争と平和』（一八六二）を重視し（本書第九章）、また同時期の草稿「力の権利」の解読を進めることによって（同、第八章II節）、哲学的プルードン理解を更新した。二つ目の特色は方法論上のもので、思想史的、というよりも比較哲学的な観点をプルードン理解に最大限利用すること、である。このことによって、著者はプルードン理解の可能性を大幅に増大させてきたが、比較対象としてはじめに最重視されたのは、友・敵の対立構造の提示で知られるカール・シュミットの政治哲学である。

一般に、アナーキズムは政治の廃棄として理解される傾向にあり、プルードンも前期思想においては、「政治」を、ほぼ一貫してネガティヴ・ワードとして用いた。また、本書でも紹介されるように、二月革命以降、政治的革命ではなく、経済的・社会的革命こそが必要だ、と繰り返し主張したのだった。だが、経済的・社会的革命の正当化には、政治理論が欠かせない。革命の先に、社会学者たちが注目した多元主義的社会の実現があるとしても、その実現可能性の論理は政治哲学が与えるはずである。著者は、対立・均衡のダイナミズムとして社会を理解することに内在する政治性に着目してプルードンの政治理論を取り出し、哲学的プルードンと社会学的プルードンのあいだを架橋する試みをおこなってきたのである。

本書では、紙幅の関係から、比較哲学的議論は極力抑えられ、代わりに、著者にとってははじめてのこととして、プルードンの生涯の順序に従って全体を構成するという方針がとられている。だが、単に時代順の記述がなされるのではなく、それぞれの章で、主題ごとに、プルードン思想全体を視野に収めた議論が展開される。それゆえ、興味に合わせて、特定の章を独立して読んでも、十分にプルードン思想の一面が理解できるようになっている。と同時に、各章を横断して読み進めることで、徐々にプルードン的な物事の理解法に読者がいわば慣れていくような記述にもなっている。これらのことをお伝えしておきたい。

けれども、方法論が論じられる第二章Ⅰ節は、圧縮度が高く、またⅠ節とⅡ節をつなぐ理屈の説明が省かれているため、読解上の難所になるのではないかと思う。「多元主義」と「力の対立」の関係にも関わるので、補足説明をしておきたい。訳注でも触れたが、『人類における秩序の創造』(一八四三)は、メタ科学論としての性格をもつ。人間の秩序認識一般が、系列の認識であり、系列は、単位、単位間をつなぐ理屈、そして系列を系列として捉える観点の三つを条件とするが、これらは、科学成立の必須条件でもある。科学の場合、加えて、諸系列の系列化、すなわち体系化が不可欠である。体系化には、そのための範型論理が要されるが、それを作り出すのはメタ科学としての形而上学の役割だ、という考えがこの著作の肝である。そこで、哲学史で提示されてきた範型論理が検討される。その代表が、ヘーゲルの三項構造だが、プルードンは、アンペール（電流の単位に名を残す）が四項構造を提示したことを踏まえてヘーゲルを相対化し、範型論理もまた複数的だと述べる。本書で述べられるように、「一般的対象」が存在しない以上、「諸科学の多元性こそ可能」だが、範型論理が複数的でしかありえない以上、メタ科学的水準も多元的だ、ということになる。

その記述の中で、プルードンは、二項構造での秩序理解の可能性を示唆する。反ヘーゲル主義の始まりである。それが最初に適用されるのは、『経済的諸矛盾の体系』（一八四六）であり、以降、二項のアンチノミーを柱として秩序変革の可能性が探究される。これが、第二章のⅠ節とⅡ節をつなぐ理屈である。多元論の『秩序の創造』に対し、『経済的諸矛盾』で二元論が採用されることを「後退」として捉えるむきがあるが、そうではない。範型論理も複数的でしかありえないという多元論が、二項構造による理解の選択を正当化しているのである。だからこそ、理解という営みは、すでにして実践的だとプルードンは捉えるのだ。そして、著者ジュールダンは、もう一歩踏み込み、それがすでにして政治的だと捉えるのである。

訳出にあたり、非常に丁寧に疑問に答えてくださったエドゥアール・ジュールダン氏に、心より感謝申し上げたい。年齢も近く、かねてより親近感を覚えていたが、今回、やりとりをする中で、踏み込んだ話ができて嬉しかった。彼の特色・構想をめぐる私の理解について、「完全に同意する」という言葉があったことをお伝えしておきたい。プルードンからの引用の書名や頁等の修正（多数）、いくつかの単語の修正（原文の intersession を intercession として訳したことなど）、文の削除（同一の文が二度繰り返されていた箇所）等は、著者の了解を得ておこなったものである。

白水社編集部の小川弓枝さんから最初にご連絡をいただいたのは、昨年の七月、原著が刊行される二ヶ月前のことだった。原著刊行から一年少しで本書が出版されるというのも、迅速かつ丁寧に作業を進めてくださった小川さんのおかげである。厚く御礼申し上げたい。

二〇二四年九月

訳者

著者略歴
エドゥアール・ジュールダン Édouard Jourdain
西部カトリック大学政治学講師、社会科学高等研究院準研究員。著書に『同時代人プルードン』(CNRS, 2018)、『資本神学』(PUF, 2021)、『コモンズ』(« Que sais-je ? », 2021) ほか多数。

訳者略歴
伊多波宗周(いたば・むねちか)
東京大学大学院人文社会系研究科博士課程修了。博士(文学)。京都外国語大学教授。著書に『社会秩序とその変化についての哲学』(東信堂、2023)。訳書にプルードン『所有とは何か』(講談社、2024)。

本書で言及されるプルードンの著作等

※編集版等は除く。初版刊行順に配置し、基本的に副題等は省略する。本書での参照版が初版とテクスト上、大きく異なる改訂版に基づく場合、その改訂版の刊行年も付記した（なお、『革命における正義と教会における正義』は、初版・改訂版ともに参照されている）。

1837 『一般文法論』（*Essai de grammaire générale.*）

1839 「文法的カテゴリー、およびフランス語の諸起源についての研究」（*Recherches sur les catégories grammaticales et sur quelques origines de la langue Française.*）

1839 『日曜日の祝祭の効用について』（*De l'utilité de la célébration du dimanche.*）

1840 『所有とは何か』（*Qu'est-ce que la propriété ?*）
＝『所有とは何か』伊多波宗周訳、講談社学術文庫、二〇二四年。

1841 『所有に関するブランキ氏への手紙』（*Lettre à M. Blanqui sur la propriété.*）

1842 『所有者への警告』（*Avertissement aux propriétaires.*）

1843 『人類における秩序の創造』（*De la création de l'ordre dans l'humanité.*）

1846 『経済的諸矛盾の体系、あるいは貧困の哲学』（*Système des contradictions économiques ou Philosophie de la misère.*）
＝『貧困の哲学』（上）（下）斉藤悦則訳、平凡社ライブラリー、二〇一四年。

1848 『社会問題の解決』（*Solution du problème social.*）

1848 新聞『人民の代表』（*Le Représentant du Peuple.*）

1848-1849, 1850　新聞『人民』（*Le Peuple*）

1849-1850　新聞『人民の声』（*La Voix du Peuple.*）

1849 『革命家の告白』（*Les confessions d'un révolutionnaire*）※1851 改訂版
＝『革命家の告白』山本光久訳、作品社、二〇〇三年。

1851 『一九世紀革命の一般理念』（*Idée générale de la Révolution au*

XIXe siècle.）
＝『十九世紀における革命の一般理念』陸井四郎・本田烈訳、『プルードンⅠ』所収、三一書房、一九七一年。
1852 『一二月二日のクーデタによって明示された社会革命』（*La révolution sociale démontrée par le coup d'État du 2 décembre.*）
1853 『進歩の哲学』（*Philosophie du progrès.*）
1854 『証券取引所における投機家便覧』（*Manuel du spéculateur à la bourse.*）
1858 『革命における正義と教会における正義』（*De la justice dans la Révolution et dans l'Église.*）　※1860 改訂版
1861 『戦争と平和』（*La guerre et la paix.*）
1861 『租税の理論』（*Théorie de l'impôt.*）
1862 『文学的世襲財産』（*Les majorats littéraires.*）
1863 『連邦の原理』（*Du principe fédératif.*）
＝『連合の原理』（※序文、第一部、結論のみの訳出）江口幹訳、『プルードンⅢ』所収、三一書房、一九七一年。
1863 『一八一五年の条約はもはや存在しないか』（*Si les traités de 1815 ont cessé d'exister?*）
（※以下、死後出版）
1865 『労働者階級の政治的能力』（*De la capacité politique des classes ouvrières.*）
＝『労働者階級の政治的能力』三浦精一訳、『プルードンⅡ』所収、三一書房、一九七二年。
1865 『芸術の原理とその社会的目的について』（*Du principe de l'art et de sa destination sociale.*）
1866 『所有の理論』（*Théorie de la propriété.*）
1866 『聖書注解』（*La Bible annotée.*）
1870 『政治的諸矛盾』（*Contradictions politiques.*）
1875 『娼婦政治』（*La pornocratie.*）

文庫クセジュ　Q 1067
プルードン

2024年10月20日　印刷
2024年11月10日　発行
著　者　　エドゥアール・ジュールダン
訳　者 ©　伊多波宗周
発行者　　岩堀雅己
印刷・製本　株式会社平河工業社
発行所　　株式会社白水社
東京都千代田区神田小川町 3 の 24
電話　営業部　03（3291）7811 / 編集部　03（3291）7821
振替　00190-5-33228
郵便番号　101-0052
www.hakusuisha.co.jp

乱丁・落丁本は，送料小社負担にてお取り替えいたします．
ISBN978-4-560-51067-4
Printed in Japan